图书在版编目（CIP）数据

儒者的良心 ： 孟子 / 林镇国著. -- 北京 ： 九州出版社, 2017.7

ISBN 978-7-5108-5640-2

Ⅰ. ①儒… Ⅱ. ①林… Ⅲ. ①儒家 Ⅳ. ①B222.51

中国版本图书馆CIP数据核字(2017)第173867号

儒者的良心：孟子

作　　者	林镇国
责任编辑	李黎明
出版发行	九州出版社
地　　址	北京市西城区阜外大街甲35号(100037)
发行电话	(010)68992190/3/5/6
网　　址	www.jiuzhoupress.com
电子信箱	jiuzhou@jiuzhoupress.com
印　　刷	北京盛通印刷股份有限公司
开　　本	787毫米×1092毫米　32开
印　　张	8
字　　数	160千字
版　　次	2017年11月第1版
印　　次	2017年11月第1次印刷
书　　号	ISBN 978-7-5108-5640-2
定　　价	48.00元

林镇国——编撰

九州出版社
JIUZHOUPRESS

【总序】

用经典滋养灵魂

龚鹏程

每个民族都有它自己的经典。经，指其所载之内容足以做为后世的纲维；典，谓其可为典范。因此它常被视为一切知识、价值观、世界观的依据或来源。早期只典守在神巫和大僚手上，后来则成为该民族累世传习、讽诵不辍的基本典籍。或称核心典籍，甚至是“圣书”。

佛经、圣经、古兰经等都是如此，中国也不例外。文化总体上的经典是六经：《诗》、《书》、《礼》、《乐》、《易》、《春秋》。依此而发展出来的各个学门或学派，另有其专业上的经典，如墨家有其《墨经》。老子后学也将其书视为经，战国时便开始有人替它作传、作解。兵家则有其《武经七书》。算家亦有《周髀算经》等所谓《算经十书》。流衍所及，竟至喝酒有《酒经》，饮茶有《茶经》，下棋有《弈经》，相鹤相马相牛亦皆有经。此类支流稗末，固然不能与六经相比肩，但它各自代表了在它那一个领域中的核心知识地位，却是很显然的。

我国历代教育和社会文化，就是以六经为基础来发展的。直到清末废科举、立学堂以后才产生剧变。但当时新设的学堂虽仿洋制，却仍保留了读经课程，以示根本未隳。辛亥革命后，蔡元培担任教育总长才开始废除读经。接着，他主持北京大学时出现的“新文化运动”更进一步发起对传统文化的攻击。趋势竟由废弃文言，提倡白话文学，一直走到深入的反传统中去。论调越来越激烈，行动越来越鲁莽。

台湾的教育、政治发展和社会文化意识，其实也一直以延续五四精神自居，以自由、民主、科学为号召。故其反传统气氛，及其体现于教育结构中者，与当时大陆不过程度略异而已，仅是社会中还遗存着若干传统社会的礼俗及观念罢了。后来，台湾朝野才惕然憬醒，开始提倡“文化复兴运动”，在学校课程中增加了经典的内容。但不叫读经，乃是摘选《四书》为《中国文化基本教材》，以为补充。另成立文化复兴委员会，开始做经典的白话注释，向社会推广。

文化复兴运动之功过，诚乎难言，此处也不必细说，总之是虽调整了西化的方向及反传统的势能，但对社会普遍民众的文化意识，还没能起到警醒的作用；了解传统、阅读经典，也还没成为风气或行动。

二十世纪七十年代后期，高信疆、柯元馨夫妇接掌了当时台湾第一大报中国时报的副刊与出版社编务，针对这个现象，遂策划了《中国历代经典宝库》这一大套书。精选影响国人最为深远的典籍，包括了六经及诸子、文艺各领域的经典，遍邀名家为之疏解，并附录原文以供参照，一时朝野震动，风气丕变。

其所以震动社会，原因一是典籍选得精切。不蔓不枝，能体现传统文化的基本匡廓。二是体例确实。经典篇幅广狭不一、深浅悬隔，如《资治通鉴》那么庞大，《尚书》那么深奥，它们跟小说戏曲是截然不同的。如何在一套书里，用类似的体例来处理，很可以看出编辑人的功力。三是作者群涵盖了几乎全台湾的学术菁英，群策群力，全面动员。这也是过去所没有的。四，编审严格。大部丛书，作者庞杂，集稿统稿就十分重要，否则便会出现良莠不齐之现象。这套书虽广征名家撰作，但在审定正讹、统一文字风格方面，确乎花了极大气力。再加上撰稿人都把这套书当成是写给自己子弟看的传家宝，写得特别矜慎，成绩当然非其他的书所能比。五，当时高信疆夫妇利用报社传播之便，将出版与报纸媒体做了最好、最彻底的结合，使得这套书成了家喻户晓、众所翘盼的文化甘霖，人人都想一沾法雨。六，当时出版采用豪华的小牛皮烫金装帧，精美大方，辅以雕花木柜。虽所费不赀，却是经济刚刚腾飞时一个中产家庭最好的文化陈设，书香家庭的想象，由此开始落实。许多家庭乃因买进这套书，而仿佛种下了诗礼传家的根。

高先生综理编务，辅佐实际的是周安托兄。两君都是诗人，且侠情肝胆照人。中华文化复起、国魂再振、民气方舒，则是他们的理想，因此编这套书，似乎就是一场织梦之旅，号称传承经典，实则意拟宏开未来。

我很幸运，也曾参与到这一场歌唱青春的行列中，去贡献微末。先是与林明峪共同参与黄庆萱老师改写《西游记》的工作，继而再协助安托统稿，推敲是非、斟酌文辞。对整套书说不上有什么助益，自己倒是收获良多。

书成之后，好评如潮，数十年来一再改版翻印，直到现在。经典常读常新，当时对经典的现代解读目前也仍未过时，依旧在散光发热，滋养民族新一代的灵魂。只不过光阴毕竟可畏，安托与信疆俱已逝去，来不及看到他们播下的种子继续发芽生长了。

当年参与这套书的人很多，我仅是其中一员小将。聊述战场，回思天宝，所见不过如此，其实说不清楚它的实况。但这个小侧写，或许有助于今日阅读这套书的大陆青年理解该书的价值与出版经纬，是为序。

【导读】

亲近伟大的灵魂

林镇国

孟子其人是儒家的圣贤典型，其书是古今士子必读的经典。因为是圣贤典型，所以在浩浩的历史长流中，往往被塑成距离之外的孤高形象，望之俨然，难以亲近；此外，由于列为科举必读经籍，过度的权威化也较易于僵滞其应有的活泼生机。这是今天的新生心灵在面对传统智慧时首先要化解的障碍。至于如何克服古典语文的阅读困难，那倒只是技术性的问题而已，并不难处理。

本书的改写重编即是针对上述问题而发，希望能够引领读者走进古代智慧人物的心灵旅程，经历一次思想王国的冒险。唯有跨越了时空的沟隙，祛除了对权威化人物所不必要的迷思，才能真正去亲近、了解、欣赏、赞美一个伟大的灵魂。

在重建孟子的新形象时，笔者特别注意下述的四项：

一、先将孟子还原到历史上，尤其更要把握到，孟子是当时兴起的游士集团领袖和杰出的思想家。只有先考察春秋战国时代知识阶层的兴起，及其特有的性格与实际的活动，描绘出知识分子与现实层面之间的交涉情形，才可以清晰地凸显出孟子的道德勇气与抗议精神。这也是孟子为中国知识分子传统提供的最宝贵的成素。

二、孟子的思想体系是以性善论为基础，发展为内圣外王的理论——“外王”是指仁政理论，“内圣”则指“尽心知性知天，存心养性事天”的成圣工夫。但是，事实上孟子不是也不可能先建构一套体系的框框去发展他的思想，而是在其人生历程的因缘境况上，呼应于具体的现实世界，提出他的哲学理念。这是有迹可循的。本书即以孟子的游踪为纵线，穿插一些思想专题，以全盘地展现其思想发展的轨迹与体系。这从本书的章节标题上就可以看得出。

三、整体而言，本书着力于刻画孟子的人道主义与道德理想主义。这是孟子具体生命的显发，而不只是抽象僵硬而激越的浩然之气，表现在孟子和梁惠王、齐宣王的对话中，或表现在对抗时流众说的辩论中而已。

四、本书还在每节之后设计“思考时间”，试图以当今的时代问题与切近的生命问题，引导读者在这次的思想旅程上，驻足而思，而有所感应，有所启发。这也是笔者素所强调的“理性的批判与认同”的实践。

以上只略举大端而已。总之，笔者希望这么一部严肃的经典在改写之后，能更具有生命的气息和思想的激力。

最后需要一提的是，本书参考许多前人、时贤之作，其中如胡毓寰的《孟子事迹考略》，河洛影版的《孟子译注》，金谷治的《孟子》、蔡孟光的《孟子的故事》、余英时的《中国知识阶层史论》、徐复观的《两汉思想史》（卷一）等，在此一并致上最诚挚的感谢。

目　录

第一章
年轻的岁月

大人者，不失其赤子之心者也。

——《孟子·离娄下》

一、没落的贵族

黄昏。

年轻的孟轲稍稍整理好衣服，向后院里的母亲说了一声，就出门了。这是他成了习惯的散步时间。

孟家的宅第显得古老而破旧，但是和周遭的邻居比较起来，仍然留存着一丝儿的气派。也许，这只是心理感觉罢了，然而总不免浮印着那久已远逝的荣耀记忆。

他悠闲地从一所学校旁边经过，可以望见在参天古木下的檐角和窗口，几个老人闲坐在树下。童年啊，那的确是一段快乐的时光。

再折向左边的道路，大约走了一盏茶的时间，就可以看到两旁低檐拥挤着店号的街道。这个地方，早上的时候是市集，热闹得很，一到下午就冷清了下来。孟轲若有所思地走过去，来到城门。一列士兵正队伍严整地行进，想是换防时刻吧。时局又有了新情势。最近在朋友的交谈中，朋友总是热烈地谈论着国际大事，听说秦国和魏国在元里这个地方发生了规模很大的战争，魏军竭力抵抗，最后还是节节败退，垮了下来，整个少梁的地方就这样被占领了。

孟轲和一位熟识的年轻军官打了招呼，然后由石阶登上了城墙。他喜欢到这里来。城墙虽然不高，但已经够他远眺沉思。开阔的乡野，随着城门的道路而伸展，涂抹上一块一块的树林和村落。最后，他的眼光不经意地落在西边的坟场冈子，那儿正笼罩在晚霞的余照中。

那里也曾经刻画着童年的岁月。

公元前 370 年左右，周烈王初年，也就是距今二千三百八十余年前，孟子诞生在邹（今山东邹城）这个地方。他父母为他取名“轲”。

孟家是鲁国贵族孟孙氏的后代。孟孙氏是鲁桓公之子，为三桓之一，掌有国家的大权。传到后世以后，孟子这支脉已经没落了，因而迁居到邹地。孟子便诞生在邹地，成为邹国人。

孟子的母亲是位深明礼义，贤淑而有爱心的女性，她眼看孟家是没落了，因此便全心全意地寄望在孟轲身上。从怀孕开始，即十分注意胎教，或坐或卧，或言或动，莫不小心翼翼。胎教，从古代传了下来的说法，她是相信的。

当初，孟家位于城外的乡间，旁边有座坟场冈子。经常有送葬的队伍从门前经过，也常有人到坟场祭拜扫墓。年少的孟轲，聪明活泼，模仿力又强，便和邻居小孩一起玩葬礼扫墓的游戏。

孟母知道了轲儿玩这种游戏，心想：对一个小孩的人格成长而言，环境是多么重要！近墨者黑，近朱者赤，可不能掉以轻心啊！再待下去，轲儿都要成为野孩子了。搬进城吧，也许会好些。

于是，孟家搬进城里。城里也有它的环境特色，对年幼的孟轲来说，还是同样充满了新奇和好玩。离新居的不远处是市场，每天早上人来人往，热闹异常，这是孟轲和邻居新朋友的玩处。

有一天，孟母看见轲儿和邻居小孩在扮买卖生意的游戏，学着商人的口气，吆喝叫卖，论价算钱，流露出一副世故的神情。孟母看在眼里，心想，住在集市旁边也不好啊！商人好利，是令人瞧不起的。若长久耳濡目染，怎么可能培养出端正高洁的人格呢？

经过慎重的选择和考虑，终于再搬到一所学校旁边住下。学校的古老建筑，宁静而肃穆。平时，可以听到学生们读书朗诵的声音，也可以看到师生一起练习礼仪的情形；一到春天和秋天的重要节日，还有隆重的乡射典礼，可以观看参加者优美的揖让升降和射箭的风度、雅乐的庄严。那全是合乎礼度的文化表现。小小年纪的孟轲觉得很有意思，也学起那些乡贤长者的揖让礼节，模仿学生的吟哦朗诵。

孟母看到这情形，便放了心，决定在学校旁久居下去。这就是后世所称颂的故事——“孟母三迁”。

古代的时候，八岁入小学。等孟轲到了上学的年龄，孟母便把他送到学校读书。

过了一段时候，孟轲的学习热忱逐渐下降。坐在课堂上，脑子里却想着外面自由的蓝天、热闹的街道和城外满地翠绿的乡野。

读书，似乎并没有初时想的那样有趣。

有一次，放学回家。孟母正坐在织布机前辛苦地织布，看见孟轲回来，就停下来，问道：

“今天学到哪儿呢？”

孟轲懒洋洋地答道：

“还不是老样子，真没意思！”

孟母听了，心中一阵难过，想自己为了这个儿子，付出了多少的心血，对他怀有多少的期望，如今竟不知读书上进，太教人伤心了。孟母也不说话，拿起剪刀，狠狠地把织布机上的纱线剪断了。

孟轲看到这情形，着实吃了一惊，便问母亲为何这样做。孟母说：

“你读书无恒心，中途而废，就好像我刚才把纱线剪断一样，终成废物。要你读书求学，是希望你能进德修业，成为仁人君子，岂能不用心？”

经过这次教训以后，孟轲从此发愤向学，不敢懈怠，为将来的博学多闻打下良好的基础。这就是有名的——“孟母断机”。

孟母不但注意孩子的教育环境，督促读书的心志，就是平时的一言一行，无不以身作则，作为孩子的榜样。

有一天，年幼的孟轲看到东边的邻居在杀猪，就充满好奇地跑回家，问道：

“隔壁家在杀猪，是要干吗？”

孟母正忙着家事，于是顺口答道：

“是要请你吃的啊！”

话一出口，孟母便后悔了。她从肚子里怀了这孩子以后，就相当注意胎教，总想尽心尽力去教养他。现在孩子开始懂事了，却在孩子面前说了不实的话，这不是教他“不信”吗？想到这里，孟母特地到隔壁家买回猪肉，烧给孩子吃。

这些都是属于童年的故梦了。年轻的孟轲在城墙上远眺沉思，想到过去，也想到最近的一件事情。天色暗了下来，孟轲顺着来路往回走。

事情是这样的：不久前，孟轲结了婚。有一天，他匆匆忙忙地从外面回来，一推开房门，迎面看到妻子一个人在房里盘坐着。孟轲看到了，很不高兴，向母亲说：

“我的妻子不懂礼节，我要和她离婚！”

“为什么？”孟母吃了一惊。

孟子就把他看到的情形说了一遍。于是孟母就问他：

“你在进去以前，有没有敲敲门，或说一声？”

“没有。”

“那是你不懂礼节，怎么能怪人家呢？礼书上不是说过：‘将进大门时，要问有人在否；将上堂时，声音要提高；将进房门时，眼睛要看底下。’这是说，要尊重别人的私事，不可令人措手不及，更不可因此而怪罪别人。现在，你进房之前，既没有先敲门，也没有问一声，这还不是你的错吗？”

孟轲听了，知道是自己不对，就认了错，也平息了这场小小的“风波”。

孟轲的幼年故事，和孟母的教育态度关系密切。由小知大，后来孟轲成为万世景仰的圣贤，称为“亚圣孟子”，可以说是得力于孟母的教诲啊！

【思考时间】

上面所讲的童年故事，分别见于汉朝的《列女传》和《韩诗外传》二书，是否实有其事，倒很难说；不过，从汉朝起，就有很多人宁愿相信其真，请问你是否相信？若相信，以现代人的眼光来看，孟母的教育方法合理吗？带给我们什么启示呢？你认为，童年对人的一生有很大的影响吗？

二、追随儒家学派

孟子的时代，是一个游学风气很盛的时代。当时，每一个有志气、有抱负的青年，无不向往“布衣卿相”的荣耀。而想达到这目标，就得充实知识，训练思考和表达的能力。为了能亲眼见到自己所尊敬的思想家，接受高度的文化熏陶，很多年轻人离开家乡，到遥远的国度去追求知识。在这种时代风气下，年轻的孟子也不免志气昂扬，深怀憧憬，希望能到鲁国一趟，真正浸染在儒家文化的空气中。

在家乡的这些日子，虽然也是接受儒家的教育，熟悉孔子的教诲言论，但是，总觉得不够亲切。到底儒家文化的发源地是在鲁国，而那里还一直保存着孔子的遗风；更重要的是，孔子学派的讲学团体还在那儿，这才教年轻的孟子深切地渴望。

公元前 479 年，约孟子出生的一个世纪前，孔子去世。孔子在生前已形成了庞大的讲学团体，尤其在孔子周游列国之后，有许多别国的人都慕名而来，聚在一起讲学。孔子死后，葬在鲁国城北的泗水边。弟子们为了感戴这位伟大老师的教诲，由子贡提议，大家为老师守三年的心丧，这个提议为大家接受了。子贡在孔子的坟墓旁搭盖了一间小房子，渐渐地，许多弟子也都搬来住在孔子的坟墓旁，共有一百多家，形成一个村落，称为“孔里”。

三年的岁月很快就过去了，有些弟子离开了，有些就留下来。走了的弟子散游诸侯，寻求实现理想的机会，有的成为诸侯的师傅卿相，最有名的是子夏和子贡，有的成为士大夫的幕僚，更多的在默默地从事传道的教育事业。孔子的思想就这样传播开来。

孔子曾说子贡有经商的才能，“不愿做官，受到拘束，喜欢自己经营生意，而且每次预测市场行情都十不离九”。子贡就凭着他的才能，经商致富，在诸侯间来往，许多诸侯都和他有交情，据说还当过卫国的卿相，这就可以想象他的声望和得意了。

和子贡不同类型的是原宪。原宪在孔子死后，隐居在偏僻的乡间，住的茅屋简陋不堪，然而他却不在意，只求修养自己的德行。有一天，大富大贵的子贡想起这位老朋友，就驾着豪华的马车，后面跟着一批衣着华丽的仆从，声势浩荡，来到原宪隐居的地方。由于门口的道路崎岖狭隘，大型马车进不去，子贡只好下车走过去。这时，原宪穿着破旧的衣服站在门口迎接，大概是营养不良吧，脸色苍白憔悴。子贡见了问道：

“您难道是生病了吗？”

原宪说：

“我听说，物质生活不好的叫作‘贫’，读书学道而不能实践的才叫作‘病’。像我这样，只是‘贫’而不是‘病’啊！”

子贡听出话中有话，觉得很不是味道，因而稍寒暄一下就走了。

当时，真正传续孔子之道的弟子，首先要算子夏。子夏比孔子小四十四岁，孔子对他的期望很高，曾经说：“你要成为君子儒，不可以成为小人儒。”

子夏在孔子死后，回到西河教书传道，颇享盛誉。当时，魏文侯为了富国强兵，广招贤才，曾就子夏请教五经、六艺之学，执弟子礼，甚为恭敬。子夏的学问很好，特别是孔子学派所注重的《诗经》、《易经》、《春秋》、《礼经》，都卓然成家，对于儒家学说的传授发扬方面，也很有功劳，更重要的是，他把孔子的思想传播到魏国去了。

子夏被称为“传经”之儒，另一个重要的孔子学生，就是称为“传道”之儒的曾子。曾子在孔子死后仍留在鲁国，继续孔子的讲学事业。

曾子特别强调“孝道”，在他临终病危的时候，便把弟子叫到床前来，说：

“掀开被子看看我的脚吧，看看我的手吧！《诗经》上说：‘小心谨慎啊，好比走近深渊边，好比踩在薄冰上！’从今以后，我知道可以不必这么小心翼翼了。”

身体是父母生的，都得谨慎爱惜，更何况在做人修养上，岂能做出玷辱父母名誉的事情呢？曾子把他的思想学问传给孔子的孙子——子思。相传四书之一的《中庸》就是子思所作的。

当年轻的孟子游学到鲁国时，子思已经去世了，因而受教于子思的门人。就这样，孟子怀着求知问道的热情和朝气，居住在这个文化气息极为浓厚的孔子家乡，努力地在道德学问上求进步。

孟子在邹地的时候，虽然也读孔子学派的教材，接受儒家思想的熏陶，但是那到底是隔了一层，还不十分亲切。等到来了鲁国，不但能看到许多有关孔子言行的记录，甚至是孔子的手稿，都可以接触到。孔子以前居住讲学的地方都保存下来，陈列他的衣冠、车舆、礼器、书籍等遗物。睹物思人，年轻的孟子把以前所研读的孔子论学等融合到目前的处境，使他以前所不能了解的，现在一下子明白了；以前觉得疑惑的，现在也豁然开朗了。

在春天和秋天的季节，这些儒家学派的儒生便在孔子的祠堂里举行祭祀大典，一幕一幕的礼仪依程序进行着，表现出优美的文化气氛。年轻的孟子在这最好的学习机会里，深受感动。他想：

“虽然我无法直接当孔子门下的学生，但是从他的传人身上，我也等于间接以孔子为师啊！”

又说：

“圣人真是百世的老师啊！他虽是生于百世以前，而百世以后的人受到影响，无不奋发兴起，效法圣人的典型！”

就像草木受到雨水的滋润，孟子赞美着：

“从有人类以来，不曾有过像孔子这么伟大的人！”这个时候，孟子真正明白了他所要走的路，明白了他所要追随的人了。

【思考时间】

1. 21 世纪是个“知识爆炸”的时代，也是“游学”风气很盛的时代，如为人所熟知的“留学”，就是这种现象之一。请问，这和孟子时代的游学是否相同？哪些地方相同？有没有不同之处？若有，又是哪些地方不同？举例来说，现代人对“读书”的态度和孟子时代是否有所不同？

2. 你是否也像孟子一样，有个令你赞美、追随的人物呢？

三、不安的时代

孟子在心中深深受到孔子人格的感召，决心追随孔子，继续他的理想志业。因此，孟子除了研读儒家的经典，熟习儒家的礼仪之外，还面对整个时代的困境，思索解决那个时代的痛苦和罪恶的办法！

孟子的时代，一般称为“战国时代”。根据《资治通鉴》的说法，周威烈王二十三年（公元前 403 年），周王室初命晋大夫魏斯、赵籍、韩虔为诸侯，史称“三家分晋”，就是战国时代的开始。

这时候，封建制度的束缚已经逐渐解除，大一统的专制政治则还没成形；战国七雄的竞争十分激烈，而人类各种智能的活动，也得到尝试与鼓励。这是一个大自由、大开放，民族的生命力得到空前发展的时代。在此开放而未定的时代中，静态的封建社会和观念，逐渐消失于时代激流中，因而出现了空前的新观念和新局面。

这个时代有几项特征：

（一）战争的残酷惨烈

从春秋时代起，战争的规模已经逐渐变大，战争的次数也日益频繁。据史书上的记载，秦晋互相攻伐之战有十八次，晋楚大战有三次，吴楚相攻有二十三次，吴越相攻有八次，齐鲁相攻有三十四次，宋郑交兵也有三十九次。这实在是惊人的战争数字！

举例来看，周定王十三年，楚庄公率军围攻宋国，两方的持久坚持，使人力和后勤补给的耗费很厉害。楚军只剩下七天的粮食而已，若再攻打不下来，也只好弃之而去。宋国呢，情况更糟，已经到了“易子而食、析骸而炊”的艰苦地步。想想看，战争使得人们为了求生存，竟然交换宰杀自己的小孩来充饥，把死人的骨骸拿来当柴烧。这种人间地狱的景象，多可怕啊！

《史记》上也记载着：春秋时代，臣子弑君的有三十六件，亡国的有五十二件，诸侯逃亡出国的，那就多得不可胜数了。显然地，当时的政治权力中心——周王室已经渐渐失去统治的威信了。诸侯之间，强凌弱、大欺小，各自为政，互相攻伐。这种情形，到了孟子的时代就更加严重了。

至今为人所乐道的孙膑、庞涓的斗法故事，就是发生在孟子所处的战国时代。故事固是极其曲折，实则这是魏国伐韩，而齐国救韩破魏的一场战争，而这类的战争在当时已经是司空见惯的。

人类的错乱、残酷、无理、哀怜、痛苦，全都表现在战争上。凝视着战争，孟子心中涌动着人道主义的精神。因此，他才以大无畏的道德勇气，站起来指责这些挑拨寻衅的野心家：

“那些野心家为了个人利益的打算，为了扩张领土，到处发动战争，使战死的人堆满了广阔的原野和城池，这真是率领土地来吃人啊，这种人罪不容诛。所以，最会作战的人，应该处以极刑；那些联结诸侯，唆使战争的策士，罪减一等；而那些为国君垦荒辟地，使国君有能力去战争的人，再减罪一等。”

孟子所以会发出这么沉痛的呼吁，就是因为他亲身经历了战争激烈的时代。若想要了解，为什么孟子会坚持儒家的王道政治思想，会落落寡合，不为当时的诸侯所用，就得先了解孟子所处的战争时代。

（二）工商业的急速发展

工业与商业发展的关系是十分密切的。工业是指工具器械的制造，在春秋战国之际，已经逐渐由铜器过渡到铁器。这是工业史上的一大进步。当时冶铁的技术，已经由“固体还原法”进步到“高温液体还原法”，这是令人惊奇的技术革命，影响当时的农业、商业、政治的形态很大。

冶铁技术的进步，使农耕铁器和牛耕的应用范围开始扩大；这便提高了生产的能力，促进了商业的发展。到了春秋末期，商业已经十分发达了。当时的大企业家，除了孔子的学生子贡外，还有帮助勾践复国的范蠡。范蠡在帮助越王复仇成功之后，急流勇退，乘船浮于江湖，改名换姓，最后到了齐国，在“陶”这个地方落脚，人家称他为“朱公”。朱公认为陶的地理位置很好，四通八达，适合于贸易，于是投资做生意，终于成为大富商。

赵国的国都邯郸，有一位企业家郭纵从事冶铁工业，他的财富可以和当时的诸侯相比。当时，因经商致富而提高身份地位的情形已经十分普遍了。这表示当时的商业发展，在政治势力之外，产生了新的经济势力，而使当时的社会更复杂，习俗和风气也因而改变了。

（三）游士集团的出现

本来，“士”是封建制度中统治阶级的基层，拥有知识、战斗和行政的能力。到了春秋中叶以后，封建制度逐渐瓦解，许多贵族逐渐没落，加上当时诸侯君主的求才需要，于是形成了流动性很强的“游士集团”。这首先在孔子身上可以看得出来的。在孔子周遭，经常聚集一群知识分子，从事知识教育的活动，也试着找寻从政的机会，来实现平时所讲求的理想和能力。孔子带领学生周游列国，正是游士集团的性格。

到了战国时代，游士集团的活动更加活跃。孔子死了以后，儒家分化为很多集团。其他，墨子所形成的集团也非常庞大。举例来说，当时的发明家公输般为楚国造了攻城的云梯，楚王于是兴致勃勃，想要攻打宋国，来试用一下新发明的攻城利器。墨子听了，连日赶到楚国，想设法制止这场战争。经过了辩论无效后，楚王要墨子和公输般现场表演攻防的演习，结果公输般用了九种攻城的方法，却都失败了，而墨子的守御能力还很强大。

公输般没办法，就说：“我已经有了对付你的方法，只是我不能说。”

墨子也说：“我知道你要对付我的法子，我也不说。”

楚王在旁边听了深感不解，这时墨子才说：“公输先生的办法，是要杀了我，就没有人可以防御他的攻城利器了。其实，我早已安排好我的弟子禽滑釐等三百人，拿着守城的武器，在宋国城上等着你们了。就算你们杀了我，也无济于事。”

到此，楚王才打消攻宋的主意。从这个故事，可以看出当时墨子的游士集团具有组织、纪律，也有很强的战斗能力。墨子死后，墨家集团分化为三，但都保有严密的组织。

除此之外，像纵横家苏秦、张仪等，也各有游说集团。若纯粹是政治性的集团，则战国四公子——孟尝君、平原君、信陵君、春申君，最为有名，他们蓄养的食客，动辄数千人，品类复杂，但无非是作为政治活动的资本。

孟子生在这个时代，自然也不能免于时代风气的影响。当孟子开始周游列国时，“后车数十乘，从者数百人”，也是庞大的游士集团。只是，每一个游士集团都各有其风格特征，有的只是追求现实上的利益，有的则追求理想的实现，不能一概而论。孟子带领的游士集团，是要实现王道仁政的理想，很明显地独树一帜。

（四）百家争鸣

时代变了，周天子不再握有最高的统治权力，诸侯纷纷谋求富国强兵，所以春秋有五霸，而到了战国七雄，彼此攻伐更是频繁，每个国家都锐意于政治革新，上则可以扩充领土，下则可以自保生存。加上工商业的进步，交通的发达，知识的开放，以及游士集团的大规模兴起，使得当时的思想界百花怒放、争奇斗艳，在人类文明史上留下光辉的一页。

最早出现，也是最主要的思想派别是儒家、道家、墨家和法家。儒家始于孔子，追溯尧、舜、文、武周公的传统，提倡仁义，推行教化，希望通过道德修养，进而治国平天下，可以说是道德的理想主义。

和孔子大约同时的有道家。道家始于老子，到了孟子的时候，又有杨朱和庄子。曾经讥笑过孔子的隐者荷蓧丈人、长沮、桀溺，也可以算是隐居型的道家人物。

道家和儒家不同，他们对世界采取“保持距离，以策安全”的态度，强调“自然”，主张“无为”，追求自由和解放，厌恶干涉和压制。

庄子讲过一个大鹏鸟的寓言。大鹏鸟原是小鲲鱼变的，背部有几千里之大，翅膀一展，就像是遮盖大半天边的云。当它要飞到南方时，两翅拍打着海水，水花溅起了三千里高，像一阵旋风似的直上九万里的高空，飞向南方。大鹏鸟的高飞逍遥，就是道家所向往的境界。

除了儒家和道家，比孔子稍后的有墨家。儒家和墨家在当时是最显赫吃香的学派，号称“显学”。墨家创始于墨子，主张“兼爱”，消除人与人之间的等差，爱别人的父母，就像爱自己的父母一样。墨子也是最热心的和平主义者，反对战争。此外，墨子还相信具有意志的上天和鬼神，这是和儒家不同的。墨子也反对儒家的丧葬铺张和礼乐仪式，一切讲求节俭和刻苦。墨家可以说是充满苦行精神的救世主义者。

至于法家，更是与现实政治结合的一股大势力。春秋时，昭公六年（公元前536年）三月，郑人铸造刑书；二十九年冬，晋人铸造刑鼎，这是时代转变的大标志，表示“礼”的力量已经无法维持社会的秩序，而要求于“法”的力量。

到了战国，在孟子之前，法家李悝相魏文侯，富国强兵。从这里才可以了解，为什么梁惠王遇到孟子的第一句话就问道：“何以利吾国？”和孟子同时的法家有慎到、商鞅，尤其是商鞅变法，使他成为改变历史的人物。最后集法家之大成的是韩非子，已经是在战国末年了。

法家多半站在统治者的立场，追求富强的现实利益，因而破坏已经逐渐崩溃的奴隶制度，建立以君权为中心的专制政治。大致而言，法家都十分强调对人民的控制及严刑峻法的统治手段。并且主张废除井田制度，开辟土地，以增加生产。人民的责任，除了耕作外，就是作战。在这种思想下，道德文化是没有地位的。

儒、道、墨、法四家之外，还有从事外交游说的纵横家，专门研究论辩逻辑的名家，主张君民同耕的农家，以及研究天文历数的阴阳家等等，可以说是百家争鸣，思想上大解放、大丰收的时代。

总之，整个看来，这是一个新旧交替，变动不安的时代。在这样的时代里，有人迷惑无主，有人只顾现实，也有人坚持原则，高倡理想。每个人的思想互不相同，但是，每个人都有思考和表达的自由。这就是孟子的时代！

【思考时间】

1. 你是否想过，古代中国也有科学和工业的发展？或认为三千年前的中国历史只是静态的延续而已？我们常以“农业社会”来概括传统社会，这完全正确吗？

2. 时代和社会对一个人的思想形成有什么影响呢？读到后面时，再回想一下这个问题。

第二章

希望之旅

王何必曰利，亦有仁义而已矣！

——《孟子·梁惠王上》

一、初见梁惠王

孟子从年轻时代开始，即师法孔子，以儒家的使徒自居，希望有一天能实现儒家的仁道理想。他一方面学习儒家的经典知识，另一方面也关怀他的时代社会，思考实际的问题。

时间过得很快，孟子学成以后，开始讲学授徒，将他宗奉的文化理想继续传递下去，同时也等待着可以实现理想的机会。当时，"学而优则仕"是所有知识分子的出路，只有获得当政者的任用，才有一展抱负的可能。孟子曾说：

"不得意的时候，就修养自己的品德，充实自己的学问；要是有了作为的机会，那就要使天下的人都能领受到福祉！"

可是，问题在于如何获得做官的机会？可以不择手段地钻营吗？可以无耻地推销自己吗？不，这是要有原则的。有一次，孟子的弟子陈臻就问：

"古时的君子，要怎样才肯出来做官？"

孟子答道：

"能够就任的情况有三种，必须辞职的情况也有三种。若是国君十分恭敬有礼地来迎接他，并且也很有诚意要采用他的意见，那么就可以出来做官。就任以后，虽然待他还算有礼貌，但是不能采用意见，那么就该走了。次一等的，虽然不能采用他的意见，但是待他仍然恭敬有礼，那么还可以就任；若连礼貌都少了，就得辞职。最下一等的是，当穷困到早饭晚饭都没得吃，已经饿得出不了门时，国君听说到这种情形，说：‘我既不能实行他的理想，也不能采用他的意见，使他在我的国境里沦落到这种地步，我觉得很羞耻。’于是便派人去接济他，若是这样，也可以接受，因为要图个活命啊！”

要出来做一番事业，先要看当政者是否“恭敬有礼”、“具有诚意”；当然，更重要的是，当政者是否有赏识贤能的眼光。而这一点是无法强求的。所以，孟子在学成以后的一段漫长岁月里，只是在读书修身，授徒讲学之中寂寂地等待！

在等待的岁月中，列国的局势又有了新的变化。

公元前341年，孟子三十二岁左右。魏国伐韩，韩国向齐国告急。齐国采用孙膑的战略，攻魏国以救韩，魏国则以庞涓为将，以太子申为上将军，率领大军在马陵大会战。结果魏军大败，太子申被俘，庞涓战死。

第二年，魏国就从安邑迁都到大梁。

公元前335年，孟子三十八岁，魏侯罃称王，就是魏惠王。这时候，周王室已经全然丧失中央的威信了。

公元前330年，孟子四十三岁左右。秦国在雕阴这个地方，大败魏军，又围战焦和曲沃两地，魏国无奈，把河西割给秦国。

隔了两年，秦国不断侵略魏国，先取汾阴、皮氏、焦三地，秦公子桑又兵围魏国的蒲阳，魏国只好又献出上郡之地。这一年，张仪相秦。

公元前 322 年，秦国免去张仪的相位，张仪改而相魏。

公元前 321 年，齐封田婴于薛。同年，齐威王薨。这年孟子已经五十二岁左右了。

从年轻时代步入中年，又度过了漫长的中年阶段，孟子依然等待着。在等待的岁月里，长久的思考和历练，更加坚定了他对仁道的理想。可是，是否能遇到实现理想的机会呢？却是毫无把握。他想到古代的贤人伯夷和柳下惠的处世原则：

“伯夷这个人，对于他所不喜欢的国君绝不事奉，所不喜欢的朋友绝不结交；不肯在恶人的朝廷上做官，也不肯和恶人打交道；他认为和恶人同流合污，就好像穿戴了上朝的礼服、礼帽，坐在肮脏的烂泥、黑炭上一样。因这种洁身自爱，憎恶坏人的心理，使他有时和一个穿着不整的人站在一起，就好像生怕被玷污似的，头也不回地离开而去。所以，有的诸侯虽然把话说得委婉动听，来请他做官，他都不肯接受；不肯接受的原因，是不愿意委屈自己去同流合污。

“柳下惠这个人就不一样。他不觉得事奉腐败的国君是件羞耻的事，也不会因为官位太低而觉得卑下。既做了官，就毫不隐藏自己的才能，而且坚持他的理想原则来做事。就是当政者没有发现他的才能，也不怨恨；遭遇到困厄的处境，也不忧愁。所以他曾说：‘你是你，我是我，即使你露臂赤身地站在我的身边，哪能玷污我呢？’因此，他和别人相处，悠然自得，不会失去自己的操守原则。当他要辞退的时候，如果有人挽留他，他就留下，不会矫情矜持。”

对于伯夷和柳下惠这两个人，孟子批评道：

“伯夷因为太洁身自爱，显得器量狭窄；而柳下惠因为看得太透了，有时又太世故了些。这两种处世态度都有所偏差，君子是不取的。”

显然，孟子既不愿意像伯夷那样清高自赏，也不愿意像柳下惠那样无所不可，他只盼望着适当机会的来临。

机会终于来临了。公元前320年，魏惠王因为在军事上连续失利，败于齐、秦，于是想奋发图强，振作一番。就在这一年，他向列国发出求贤的呼声，以优厚的待遇、隆重的礼节，来招纳贤能。

当孟子听到魏惠王的求贤呼声，认为这是一个实现理想的机会，因此他决心到魏国一趟。

公元前320年，也就是孟子五十三岁左右这一年，他来到魏国的国都大梁（今开封）。这时因魏惠王求贤呼声而前来的还有阴阳家邹衍，纵横家淳于髡（kūn）等人。

孟子到了大梁后，便前往进见梁惠王（即是魏惠王）。惠王一见孟子，便问道：

“老先生，您不远千里而来，是不是有什么办法使我的国家获得利益呢？”

梁惠王招纳贤者，一心只想到富国强兵的愿望。他希望这些前来魏国的贤能之士，能提供智慧策略，以满足他的意愿。孟子并非不知道这一点，可是孟子正面提出了他蓄积已久的理想言论，答道：

“陛下！您为什么一开口就提到‘利益’呢？治国为政，只要以‘仁义’为根本，就可以解决所有的问题了。

“假如君王说：‘怎样才对我的国家有利？’底下的卿大夫也说：‘怎样才对我的封地有利呢？’甚至一般的士人和老百姓也都说：‘怎样才对我本人有利呢？’这样，上上下下都只追求自己的利益，国家就危险了。

“在拥有万辆兵车的大国里，杀掉国君的，一定是拥有千辆兵车的大夫；而在拥有千辆兵车的国家里，杀掉国君的，一定是拥有百辆兵车的大夫。在万辆兵车的国家里，大夫就拥有兵车千辆；而在兵车千辆的国家里，大夫就拥有兵车百辆，这样的比例可以说是很大了。假如大夫拥有这么大的势力，又只重自己的私利，不顾仁义道德，那么必然导致臣下对君主的非分之想，因此，若不把整个国家夺过来是不会满足的。

“反过来说，从没有行‘仁’而遗弃父母的人，也没有行‘义’而不顾君上的人。您只要仁义就好了，何必口口声声讲求利益呢？”

孟子开宗明义就标明他的立场。一般人对事对人的态度都是功利的，因此凡事都先问道：“这有什么用处呢？这有什么利益呢？”

孟子针对社会的流行心态，首先便拨开发问的方向，使人们的心灵不要老是纠结在利益计较的旋涡里。而且，他进一步指出，所有的混乱、争执、罪恶和痛苦，其实都是导源于人类毫无止境的好利之心；唯有把好利之心转化掉，恢复人类本性中原有的仁义之心，使人们再度有了澄澈清明的心灵，这个世界才能恢复和谐的秩序。

在孟子的思想里，真正值得关心的是生存权利的保障，是安居乐业的追求，是道德水平的提高。这就是他把“义”和“利”的价值予以对举的真义。

在孟子初见梁惠王的这一番对话里，已经充分显现出孟子高峻挺立的形象，以及他那道德理想主义的基本立场。至于梁惠王能否接纳孟子的思想呢？两人能否相互契合呢？这就要看以后的发展了。

【思考时间】

1. 当你考虑做一件事情时，是否也会自问道：“这有什么用呢？”除了现实上的功利考虑外，是否还考虑到其他的因素，像兴趣或道德原则？

2. 你会不会觉得孟子回答梁惠王的那一番话，有一点迂阔不切实际，梁惠王追求富国强兵的愿望不对吗？“利”和“义”果然是互相冲突，不能并存吗？

二、仁者无敌

孟子第一次见梁惠王即高举“义利之辨”，梁惠王并没有表示同意，但也没有表示厌烦，所以隔了不久，孟子又有了机会去谒见惠王。这时候，惠王正好站在宫廷园囿里的池塘边，一面观赏着园中的鸿雁麋鹿等鸟兽，一面对孟子说：

“贤者也会享受园囿的快乐吗？”

显然，梁惠王在试探着表情严肃的孟子，看他怎么答复这个问题。孟子答道：

“唯有贤德的国君才能真正享受这种园囿之乐，而那不贤的人，虽然有了园囿也乐不成啊！《诗经》上说：

开始筑灵台
既已丈量啊
又立表标位
百姓尽力做
很快就落成
王说不用急
百姓更卖力
王到灵囿中
母鹿正安逸
麋鹿肥又壮

白鸟羽毛洁

王在灵沼边

池鱼活跳跃

文王虽然也征用百姓来修建宫殿园囿，可是百姓却很乐意，称他的台叫‘灵台’，池叫‘灵沼’，并且高兴他有麋鹿鱼鳖可以玩赏。这是因为古代的贤君能和百姓同乐，所以自己也能享乐。至于夏桀却正好相反。百姓怨恨他，他却自比为太阳，说太阳什么时候消灭，他才会死亡。《书经·汤誓》上便记载着百姓的痛恨：‘太阳啊，几时会毁灭？我宁愿和你同归于尽！’像桀纣这种国君，老百姓都恨不得一起拼了，就算是有了台池鸟兽，难道能安然独自享乐吗？”

很清楚的，孟子一步步地想把惠王引导到“与民同乐”的思想里。假如孟子一心只想做大官，讨好国君，那么，他会讲这些令国君听来不痛快的话吗？

孟子明知这些话并不能讨人欢心，但他一想到老百姓在战争和饥荒下的煎熬呻吟，就感到义不容辞，有责任替百姓站起来讲话。这就是道德勇气！就是仁心的具体表现！

惠王听了，倒不以为忤，而且顺着这个机会，表示自己对于百姓的关心。他说：

“我对于国家，已经十分尽心了。如果河内这个地方发生饥荒，我便把那里的一部分百姓移民到河东，而且把河东的粮食运到河内救济。如果河东这个地方发生饥荒，也是用同样的办法。我曾留意过邻国的政治，没有像我这样用心的。可是，那些国家的百姓并没因此而减少，我的百姓也没因我的用心而增加，这是什么缘故呢？”

孟子回答说：

“陛下喜欢战争，那么就用战争来比喻吧！战鼓咚咚作响，两军相遇，兵刃相接，就抛下盔甲，倒拖兵器往回跑。有的人一口气跑了一百步才停下来，有的人跑了五十步就停下来。结果，那些向后逃跑五十步的士兵，竟然讥笑那些逃跑一百步的士兵。陛下，您觉得这有没有道理？”

惠王说：“不行。他虽然没逃跑一百步，但是逃跑五十步也是逃跑啊！”

孟子接着说：

“陛下如果懂得这个道理，那么就不要希望你的百姓比邻国还多了。”

孟子知道，当时国君的愿望就是富国强兵，而达到富国强兵的主要人力资源就是老百姓，尤其是农民。平时，农民可以从事生产工作，增加国家财富，蓄积战争的财源；而到了战时，这些农民便可以开上战场。所以，梁惠王用心于增加人口，目的就在于此。这一点，孟子看得很清楚。他要改变当政者的私心，但又不能讲得太露骨，所以常运用譬喻。孟子拿战争来比喻，即含有讽刺的意味。他说，梁惠王其实是和其他国家的诸侯没有两样，不过是五十步笑百步罢了，并不能真为百姓着想。

孟子接着就把他理想中的政治原则提出来：

“如果能够不在农事季节，支遣农民从事耕种收获的工作，那么粮食便吃不完了；如果不用太密的渔网到池沼里去网鱼，那么鱼鳖就吃不完了；如果按照适当的时节去砍伐林木，那么木材也就用不完了。像这些民生日用的资源充裕有余的话，就能使百姓在养生送死的基本生活水平上获得满足。而使老百姓能满足养生送死的基本需求，这就是王道的开端。

“在五亩大的宅园中，种植桑树，那么五十岁以上的人就可以穿丝织品了；鼓励百姓畜养鸡鸭猪狗，那么七十岁以上的人就都可以有肉类吃了；每一家庭拥有一百亩田地，能够安心耕种，不受妨害，那么一家数口就可以温饱了。接着就要好好办些学校，推广教育，教导孝顺父母、友爱弟兄的道理，那么，社会风气就会变得淳朴善良，看不到头发斑白的老人家还在道路上背负重担，不得休息。七十岁的老人家都能衣食无缺，生活饱暖；而一般的老百姓也都有吃有穿，不饥不寒，如果这样还不能使天下归服，那是从来不曾有过的事。”

说到这里，孟子微微一停，望着惠王，又说：

“现在的情况却是如此：在上位者所蓄养的猪狗比百姓吃得还好，生活水平相差如此悬殊而不知解决。遇有荒年，路上到处躺着饿死的人，却不知去救济。老百姓饥寒而死，却说：‘这不是我的罪过，实在是年成不好的缘故。’这和拿着刀子杀人，却说不是他杀的，是刀子杀的，有什么不同呢？所以啊，请陛下不要把人口不增加这件事情归罪于年成不好，而应该从根本来改革政治，保障人民生活，如此一来，全天下的人都会来投奔陛下了。”

梁惠王似乎有一点为之动容，于是恭敬地说：

“我十分愿意接受您的指教。”

孟子又举了一个比喻问道：

“用木棒打死人和用刀子杀死人，有没有差别？”

“没什么两样。”惠王答道。

“那么，拿刀子杀人和用政治害死人，又有什么差别？”

“也没有差别。”

孟子接着说：

“好，既然没有分别，那么，宫廷里的厨房有上肉，马厩里有壮马；老百姓呢，却面有饥色，野外也到处可看到饿死的人。这简直是当政者率领野兽来吃人啊！兽类自相残杀，人们尚且憎恶；当政者为民父母，却不免于率兽而食人，那怎么能够当作百姓的父母呢？仲尼说过：‘第一个造作木偶来陪葬的人，应该断子绝孙啊！’为什么孔子会说这样的话呢？就是因为用来陪葬的木偶太像人类了。用像人的木偶来殉葬，都已经不仁了，更何况使百姓活活饿死呢？”

孟子以尖锐的语气，毫不留情地谴责当时的执政者，义正辞严，令人肃然起敬。“杀人以政”、“率兽食人”，正是政治野心家的写照，倘没有像孟子这种富于道德勇气的知识分子站起来严辞谴责，那些广大的无知群众，备受欺凌压迫，还会有什么人来为他们说话呢？在这里，孟子又充分表现了“人道主义”的精神。

再有一次，惠王又召见孟子。显然，惠王的内心依旧为国际间的现实政治所苦恼。也许，他并不是不能同意孟子的仁政立场，但是，为了在冷酷竞争的国际间求生存，尤其是魏国夹在秦、楚、齐三大超级强国之间，眼看着侵逼日甚，年纪老迈的梁惠王困心焦虑，不惜厚币卑礼，延请天下贤者，就是希望能解决他的现实难题。这一次，梁惠王很明白地把内心的想法表示出来：

“在以前，我国是天下最强盛的国家，这是您所知道的。但是到了我这一代，东边败于齐国，连我的长子都战死了；西边又败给秦国，被侵占了河西的七百里地；南边也因和楚国一战，败于襄陵，失掉了八座城池。这都是令我寝食难安的奇耻大辱，无时无刻不想为战死者雪耻复仇。您要是了解我的心情，替我想一想，该怎么办才好？”

孟子说：

“只要有方圆百里的地方，实行仁政，就可以使天下臣服，何况魏国是大国呢？假如陛下实行仁政，放宽刑罚，减轻赋税；使老百姓能够专心于农业生产，利用农暇的时候，教导年轻人，使他们懂得如何孝顺父母，友爱弟兄，接人待物，尽心诚信。像这样，老百姓生活安定，教养良好，自然会热爱家国。因此，就算是拿着木棒，他们也可以痛击那些强国的坚甲利兵了。

“陛下或许会以为我所说的不切实际，其实不然。秦楚那些大国，时时动员，时时扩张。他们的人民随时待命出征，哪能好好从事生产，以养活父母？父母在家冻饿，妻离子散，兄弟也各分东西，这些百姓能不怨恨？秦楚大国正使它们的百姓陷在痛苦的深渊里，陛下实行仁政去讨伐它们，有哪个国家能够抵抗呢？所以说：'仁者无敌'，请陛下坚定仁政的信念！"

"仁者无敌"，是孟子所坚信的政治理念。有人批评孟子的想法太过于迂阔而不切实际，其实，孟子何尝不知道现实上的种种艰困，何尝不知道这种想法是不易获得共鸣的；只是他知道得更清楚，凡事要是只顺着现实的需求去做，只投合一般人的想法，这个世界只会日趋野蛮，而人类的前途也就愈演愈暗淡了。因此，孟子并不是故意自鸣清高，而是在关心人类，关心文明之下，眼看举世滔滔，便不自禁地产生对抗现实，坚持理想的勇气。

以道德作为政治的指导原则，是孟子一生所坚持的。问题是，在现实的政治环境里，当政者会接受他这种思想吗？

【思考时间】

你是否也认为在当时的局势下，孟子的仁政理论太迂阔而不切实际？抑是认为在人类的政治思想史上，孟子的仁政论永远都发射出理想的光辉？

三、真正的大丈夫

孟子在魏国时，是以宾客的身份和梁惠王交往，并没有接受爵禄。孟子对于任官一事，并不像当时许多游士热衷钻营，是谨慎而有原则的。那时候，魏国人周霄就问孟子：

“古代的君子出去做官吗？”

“出去做官的。”孟子说，“古书上记载：‘孔子如果赋闲三个月，就显出一副惶惶不安的样子。到国外去，一定带着谒见国君的礼物，希望谋得官职。’鲁国贤人公明仪也说：‘古时候的人，如果赋闲三个月，就要去慰问他。’”

周霄说：

“赋闲三个月就得去慰问，不是太急切了吗？”

孟子说：

“读书人失去官位，就和诸侯失去国家一样啊！”

周霄又问：

“为什么孔子到国外去要带着谒见国君的礼物呢？”

孟子说：

“知识分子得出任官职，就像农夫得耕田一样；难道农夫会为了出国就抛弃他的农具吗？”

周霄又追问下去：

“既然出任官职是读书人的迫切希望，而有道德学问的君子又不轻易接受官职，这又为什么呢？”

周霄问到这里，显然是针对孟子而发的。他想，孟子既希望国君能任用他，实现他的抱负，又不肯轻易去谋求官职，这是为什么呢？孟子于是答道：

“为人父母的，自然希望儿子能娶到好妻子，女儿能找到好归宿，这是正常的现象。但是假如青年男女不守礼法，挖壁偷看，或爬墙私奔，那么社会上就会瞧不起他们。同理，古时候的君子并非不想做官，只是不肯不依正道而为。不依正道去做官的，就像那些挖壁爬墙的人啊！”

孟子意思很明白地指出，做任何事情都要有原则，假如只问目的，不择手段，那就是丧失原则。做人还有比丧失原则更可悲的吗？

有一次，孟子的学生万章也问到同样性质的问题：

“有人说，古代的贤人伊尹曾利用烹饪的手艺来接近商汤，获得商汤的重用。真的有这回事吗？”

孟子说：

“不，不是这样的。伊尹在有莘的郊野耕作，而以尧舜之道为乐。如果不合道义，纵然以天下的财富作为他的俸禄，他不会正眼看一下的；纵然送给他四千匹马，他也不会望一下的。如果不合道义，他连一点儿也不给人，也不肯拿别人一点点。汤曾使人拿着礼物去聘请他，他却平静地说：‘我为什么要接受汤这个聘礼呢？我何不住在田野之中，以尧舜之道自得其乐呢？’

“汤再三派人去聘请他。不久，他便完全改变了态度说：‘我与其住在田野中，以尧舜之道自得其乐，又何不使今天的国君也成为尧舜一般的贤君？又何不使今天的百姓成为尧舜时代的百姓呢？我又何不使尧舜的盛世重见于当今呢？天生万民，就是要使先知觉后知，使先觉觉后觉，我呢，是芸芸众生的先觉者，有责任拿尧舜之道来启蒙百姓，这个使命不是由我来担负，又有谁会去做呢？’他想，天下的百姓，匹夫匹妇，如果没有沾润到尧舜之道的恩泽，就好像是自己的罪过，他是如此地担当天下的重任呀！所以，一到汤那里，就劝他讨伐夏桀，拯救人民。

“我从未听说过自己行为不正而能教导别人的，更不用说那些污辱自己而能匡正天下的了！圣人的行为，虽然各有不同，但总是要自身高洁。我只听说过伊尹以尧舜之道使汤任用他，不曾听说他用烹饪的手艺作为求仕的手段。”

从上面孟子的话里面，我们可以知道，孟子认为知识分子除了要坚持原则操守，所谓“非其义也，非其道也，一介不以与人，一介不以取诸人”，更要有以天下为己任的使命感，“使先知觉后知，使先觉觉后觉”。这样，文明才能继续提升发展，人类才有前途可言。

魏国当时又有一位名叫景春的纵横家，对公孙衍和张仪这两个出名的外交政客十分崇拜佩服。有一次，景春向孟子说道：

“公孙衍和张仪两人，岂不是真正的大丈夫吗？他们一发怒，各国诸侯就害怕；安居下来，天下便太平无事。”

孟子说：

“这种人哪能算大丈夫呢？你没有学过礼吗？男子到了成年举行冠礼时，父亲会教他如何做人处世；女子出嫁时，母亲也会谆谆告诫，送到门口时，说：‘到了夫家，一定要恭敬小心，不可违背丈夫的意思。’这么看来，以顺从作为原则的，才是为人妻妾所要遵守的。

“居住在天下最宽广的住宅——仁，立身于天下最正大的地方——礼，行走天下最光明的道路——义；得志的时候，教化百姓，使百姓也能同上大道；不得志的时候，就坚持原则，独善其身。富贵不能淫，贫贱不能移，威武不能屈。唯有这样的人，才配称为大丈夫！”

对于一个只崇拜英雄而不尊重道德的时代，孟子的这番话无异是一声巨响，使张仪这种人立即黯然失色；就是在两千多年后的今天，依然令人感受到这番话的震撼力。唯有“富贵不能淫，贫贱不能移，威武不能屈”的品格，才是人生价值中最值得珍贵的。

后来孟子又遇到另一个善于辩论的纵横家淳于髡。他问孟子道：

“男女之间，不亲手接递东西，这是礼吗？”

“不错，是礼。”

“那么，假如嫂嫂掉下水里，应该用手去拉她吗？”淳于髡问道。

孟子说：“假如嫂嫂掉在水里而不去拉她，那简直是豺狼禽兽。男女授受不亲，这是常礼；而用手去救掉在水中的嫂嫂，是变通的办法。”

淳于髡于是追问道：

“现在天下的人都掉到水里了，您为什么不上前拯救他们？”

孟子说：

“天下的人都掉到水里了，要用‘道’去拯救；嫂嫂掉到水里了，才用手去拯救。难道您要我用手去拯救全天下的人吗？”

表面看来，这是一场精彩的迷你型辩论，但是在孟子机智应答的背后，实际上隐藏着很大的道理。孟子和当时人最不同的一点，便在于他始终坚持“天下溺，援之以道”，而不是表现个人的英雄色彩，更不是借此追求个人的声名利益。以“仁道”来拯救天下，这是丝毫不能妥协的原则。

孟子到了魏国的第二年冬天，下着大雪。年纪老迈的惠王带着富强的梦想和复仇的愿望过世了。孟子虽也感到怅然，但仍客观地给梁惠王下了评语：

“梁惠王真是不仁啊！仁者应该把他所爱的，推及他所不爱的；不仁者却相反，把他所不爱的推及他所爱的。”

他的学生公孙丑问说：

“这是怎么说呢？”

孟子回答：

“梁惠王因为争夺土地的缘故，牺牲他的百姓去作战，结果大败；想要再战，怕不能胜，又驱使他所喜爱的子弟去送命。这就是把他所不爱的推到他所爱的。”

梁惠王既不能接受孟子的思想，现在又死了。孟子想，待在魏国已经没什么意思，不如走了吧！

翌年春天，公元前 318 年，惠王的儿子赫继立，是为魏襄王。这一年，孟子年五十五岁左右。

襄王即位后，有一次请孟子进宫。孟子见过襄王后，襄王突然问道：

“天下怎么才能安定？”

“只有天下统一，结束列国纷争的局面，才能安定。”

“谁能统一天下？”襄王又问。

孟子说：

“不好杀人的国君能够统一天下。”

“有谁会归服他呢？”

孟子说：

“天下的人没有不归服的。陛下看过那些秧苗吗？当七、八月间久不下雨，秧苗就干枯了。但是若有一阵乌云出现，哗啦哗啦地下起大雨，秧苗便又蓬勃迅速地生长起来了。像这样，又有谁能阻挡得住呢？如今天下的当政者，没有不好杀人的。如果有一位不好杀人的君主，那么，天下的老百姓都会伸长脖子，期待他来解救了。若真是如此，百姓归附他，就好像水向低处奔流一般，浩浩荡荡，谁能阻止得了呢？”

这一番话依然是“仁者无敌”的意思，在孟子的生动譬喻下，应该发挥说服的效果才是。但是，襄王一如其父，只想到现实上的政治利益，“仁政”的这类话是听不进去的。孟子在谈话之间，察言观色，已经知道无法寄望魏国来施行仁政了。

孟子从宫中出来，和弟子们谈到这次的见面，提到魏襄王时，说道：

“远远望去，看起来不像个国君的样子；当我走近，又看不出他有什么值得敬畏的地方。”

就这样，孟子决定离开魏国。

【思考时间】

1. 拥有高深学识的人，像现代的“博士”，能不能称为“知识分子”？还是需要其他的条件？孟子引古代贤人伊尹的话：“天之生此民也，使先知觉后知，使先觉觉后觉也。予，天民之先觉者也，予将以斯道觉斯民也，非予觉之而谁也。”这是否也是现代读书人所需要具备的胸襟？

2. 如果为了争个人的名利而丧失做人的原则，拍马逢迎，是否就是孟子所说的“以顺为正者，妾妇之道也”？

3. 20 世纪，世界发生了两次大战，至今依然到处烽火，危机重重，此时想想孟子所说的“天下溺，援之以道”，是否能带给当今世界一些启示？

第三章
齐国，旅程的第二站

老吾老，以及人之老；幼吾幼，以及人之幼，天下可运于掌。

——《孟子·梁惠王上》

一、王道与霸道的对话

孟子离开魏国，决定东到齐国，当时齐宣王刚即位不久，颇想有一番作为。他的第一项措施，便是把位于都城临淄的稷门下原有的学宫宅第，重新加以整修，然后提供优厚的条件，公开礼聘天下的学者贤士及当时著名的思想家。因宣王的求贤呼声而到齐国的，有阴阳家邹衍，法家田骈、慎到、环渊、接子，还有在魏国和孟子辩论过的淳于髡，加上一些较不出名的学者，不下千百人，可说是集一时之盛了。

齐国政府为这些“稷下学士”们安排最好的生活环境，有宽阔的马路，高门大屋的建筑，让他们能够自由而愉快地在那里思考、研究、讨论。

公元前 318 年，孟子年五十八岁左右。他就在这一年带着一群弟子，风尘仆仆地来到临淄，受到齐国当局的礼遇，立即安排在“稷下馆”住下。同年，列国间的局势有了变化。宋国的国君称王。韩、赵、魏、燕、楚五国，联军攻秦，结果在函谷关战败。这一战动摇了强秦和东方列国之间的均势局面，也刺激了齐宣王励精图治的决心。

因此，宣王第一次和孟子见面，便问道：

“齐桓公、晋文公的霸业，可以讲给我听听吗？”

孟子答道：

“孔子的门徒没有谈到齐桓公、晋文公的霸业，所以齐桓、晋文的事迹也没有传到后代来，起码我是没听说过。陛下如果要我说，那就讲以德服人的‘王道’吧！”

其实，孟子熟读古代的历史典籍，岂有不知齐桓、晋文之理？只是不愿说而已。孟子既然根本不赞成霸政的追求，因此，一开始便拨开齐宣王的问话方向。

宣王进一步问道：

“如何才能以‘王道’统一天下呢？”

孟子说：

“一切都为百姓着想，使人民能安居乐业，这样去统一天下，没有人能够阻挡的。”

宣王说：

“您看，像我这个人可以保民吗？”

孟子说：

“可以。”

“凭什么断定可以呢？”宣王问。

于是孟子便举实例来说：

“我曾听到胡龁（hé）告诉我一件事：有一天，陛下坐在殿上，刚好看到有人牵着一头牛从殿下走过。陛下看到了，问：‘牵到哪里去？’那人答：‘准备宰来衅钟。’陛下便说：‘把它放了吧，我实在不忍心看到它那害怕发抖的样子，无辜受死，实是教人不忍！’那人又说：‘那么，就不要举行衅钟仪式了吗？’陛下说：‘怎么可以不举行呢？用羊来代替吧！’不晓得是否真有这么一回事？”

宣王说：“有。”

孟子说：

“那就好。凭陛下的心就可以王天下了。老百姓都以为陛下是吝啬，所以才拿羊换牛，可是我早知陛下实是出于不忍之心。”

宣王说：

“是啊！百姓竟这么想。齐国虽不大，我何至于连一头牛都舍不得呢？我真的是不忍心看到它无辜受死，害怕发抖的样子，所以才拿羊来替代。”

孟子说：

“其实也难怪百姓会以为陛下是舍不得。羊小牛大，而陛下以小换大，老百姓怎么能知道陛下的用心呢？如果可怜牛无罪而死，那么，换了羊就不可怜了吗？”

宣王笑了起来，说：

“这真是存什么心啊！我不是舍不得那点儿钱，才拿羊换牛的。难怪百姓会说我吝啬。”

孟子又说：

“没关系，陛下所做的正是仁心的表现。原因是在于陛下只看见牛，没看见羊。君子对于禽兽，看到它们活着，便不忍心看到它们死去；听到它们悲鸣哀号，便不忍心吃它们的肉。所以，君子总离开厨房远远的，就是这个道理。”

孟子在这里并不是顺承宣王的意思而说，也不是为宣王的行为找借口，而是指出，每个人都有“不忍之心”的善性，这善性便是仁政的基础。孟子从这件事里，向宣王指出他有“王天下”的可能性。宣王听了，自然很高兴。他说：

“《诗经》上有两句话：‘别人有心事，我能揣度出。’您就是这样的。我确是这么做，可是自己想想，却想不出所以然来。经您这么一说，恰中我意，当初我的确是这么个想法。但是，您说我的心可以王天下，这又怎么说呢？”

孟子说：

“假如有人向陛下报告，说：‘我的力气足以举起三千斤重，却拿不动一根羽毛；我的视力可以看清野兽秋毫的末梢，却看不到一车子的柴薪。’陛下会相信他的话吗？”

“不。”宣王说。

孟子接着又说：

“今天陛下可以把恩泽推广到禽兽上，却不能使百姓享受到德政，这是为什么呢？可见一根羽毛拿不动，是因为他不肯用力气拿；一车柴薪都看不见，是因为他不肯仔细看；而百姓不能安居乐业，正因为当政者不推行德政。所以说啊，陛下若不能王天下，只是不肯做，而不是能力不够。”

宣王问：

“不肯做和不能做，有什么不同？”

孟子说：

“如果要挟着泰山，跳过北海，告诉人说：‘这个我办不到。’这是真的不能。如果要为老人家折取树枝，告诉人说：‘这个我办不到。’那么，这就不是不能，而是不肯做。所以，陛下不实行仁政，并不是挟泰山以超北海般的不可能，而是好比替老人家折取树枝，只是不肯去做啊！

“尊敬自己的长辈，进而尊敬别人的长辈；爱护自己的儿女，进而也爱护别人的儿女。以这一原则为政，要王天下就很容易了。《诗经》上说：‘先作为妻子的榜样，再推及兄弟，然后再把这修身齐家的道理，作为治理国家的原则。’这是说，把仁心推广到其他方面就可以了。所以由近而远地把恩惠推广出去，便足以保有天下；若不这样，连自己的妻子儿女都保不住。古代的圣王之所以远胜过一般人，没有别的缘故，只是善于推行他们的仁心德政而已。现在陛下的恩泽可以施及禽兽，而百姓却分享不到您的功德，这是为什么呢？

“称一称，才知道轻重；量一量，才晓得长短。任何东西都是如此，人心更是如此。请陛下想想！难道说，动员军队，使将士冒着危险，和别的国家结下怨仇，这样您才痛快吗？”

宣王说：

“不，不，我怎么会这样做才痛快呢？我这样做，只是想满足我的愿望而已！”

孟子说：

“陛下最大的愿望是什么？可以讲来听听吗？”

宣王干笑了一声，不答腔。孟子便接着问道：

“是为了精美的食物还不够吃？轻暖的衣服还不够穿？或者是为了绚丽的彩色不够看？美妙的音乐不够听？侍候陛下的宠臣不够使唤？这些，陛下的臣子都已充分供应了，难道陛下真的为了这些？”

宣王说：

“不，我不是为了这些。”

孟子说：

“那么陛下的最大愿望就可想而知了，是想要扩大疆土，威服秦楚，君临中国，安抚四方的夷狄。可是，以陛下的做法想要达到愿望，就好像爬到树上抓鱼一般的不可能。”

宣王说：

“真会是这样严重吗？”

孟子说：

“恐怕比这更严重呢！爬到树上去捉鱼，虽然捉不到鱼，却没有祸害。以陛下这样的做法，想要达到愿望，还费尽心力而为，一定会有灾祸。”

宣王说：

“可以说来听听吗？”

孟子说：

“假如邹国和楚国打仗，陛下认为哪一国会打胜呢？”

“楚国会胜。”宣王说。

孟子说：

“从这里便可以看出来，小国不可与大国为敌，人口稀少的不可以与人口众多的为敌，弱小的不可以与强大的为敌。现在，方圆千里的国家有九个，齐国才不过是其中之一；以九分之一的力量来对抗其余的九分之八，这和邹国与楚国为敌有什么分别呢？所以，应该从根本的仁政开始。

“现在陛下如果能改革政治，广施仁德，使天下的士大夫都想到齐国来做官，农夫都想到齐国来耕种，商人都想到齐国做生意，天下怨恨本国国君的人也都想来齐国控诉。如果这样，陛下要王天下，又有谁能抵挡得住呢？”

宣王说：

“我现在心思混乱，不能做到您所说的程度，希望您帮助我，明白地教导我。我虽不行，但愿意照您所说的去做。”

孟子听到宣王这么诚恳，便详细地讲述仁政的具体内容：

“没有固定的产业，却能坚守道德原则的，只有士人才能够做到。至于老百姓，如果没有固定的产业收入，生活没有保障，便无法经常保有向善的心志；如果百姓丧失了善良的本性，那么就会为非作歹，违法乱纪，无所不为。等到他们犯了罪，然后才加以处罚定罪，这等于是故意陷害他们。哪里有仁人在位，却做出陷民入罪的事呢？所以贤明的君主，制定人民的产业，一定要使他们上足以赡养父母，下足以养活妻子儿女；年成好，可以足衣足食；年成不好，也不至于饿死。生活有了保障，然后教育他们，使他们向善，老百姓也就很容易听从了。

“现在呢，百姓的产业收入仰不足以事父母，俯不足以养妻儿；年成好的话，生活还是十分劳苦；年成差的话，只有死路一条。像这种情况，百姓想图个活命都很难了，哪有闲暇学习礼义呢？

“陛下如果要施行仁政，只有从根本着手。每家有五亩大的宅园，空地上种植桑树，五十岁以上的人就可以穿丝织品了；饲养鸡、狗、猪等家畜，不要误了繁殖的时期，七十岁以上的人就可以吃到肉类了；每家配给一百亩田，不要随便征用徭役，妨害生产，那么八口之家就可以不挨饿了。然后办好学校教育，教导孝顺友爱的道理，那么，就不会有老人在道路上挑担工作，不得休息的情形了。使老人家吃好穿暖，一般人不饥不寒，像这样还不能使天下归服，是从没有的事啊！”

孟子初见齐宣王的对话，就到这里结束。孟子依旧打着“保民而王”的旗帜，来对抗当时人君追求霸业的野心。就这一点而言，比起当时的商鞅、张仪之辈，孟子理想主义的色彩显然十分浓厚；然而，孟子并不是不切实际，甚至可以说他的仁政思想是以民生问题为基础的。他强调首先要照顾人民的经济生活，使衣食无缺，安居乐业，然后进一步推行礼义教化，改善社会风气，达到“精致文化”的境地。

孟子的雄辩和气势，在对话中表露无遗。他面对齐宣王，有时单刀直入，毫不客气，有时委婉譬喻，循循善诱，最重要的是，孟子给宣王以信心和鼓励，说明“仁政”是可为而至的，难怪宣王会说“试着去做吧”！当然，孟子也因此更对齐国寄予希望了。

【思考时间】

要了解孟子何以敢以坚定自信，不畏不惧的态度和诸侯对话论辩，便得先了解当时知识分子的地位。由于当时知识分子具有群体自觉的意识，因此增强了“道尊于势”——真理的地位比现实权势更高——的观念，并且造成了“不治而议”的政治现实批判的权利。这固然一方面由于国君需要知识分子（求贤）的情势所哄抬，另一方面也因当时的君臣上下的关系，尚未发展出如秦汉以降的专制形态；所以，整个气氛是开放自由的。“稷下学宫”便是当时杰出知识分子荟萃之处，十分具有代表性。

有一个问题可供反省：从“开放社会”与“封闭社会”的比较上，试想哪一种社会形态最能激发文化创造?

二、人道主义的坚执

针对当时流行的政治思想，孟子一再强调“王道”与“霸道”的区别。他说：

“以武力为凭借，假借仁义之名而进行侵略的国家，称之为‘霸’；想称霸一定要大国才行。以道德施行仁政的国家，称之为‘王’；想以仁政王天下则不一定要国家强大才行，像商汤只靠七十方里，周文王只靠一百方里的土地，就王天下了。以武力征服别人的，别人并不真正心悦诚服，而是由于国力不足的缘故。以道德使人归服的，则归服的人是真正的心悦诚服，就像孔子的七十弟子信服孔子一样。《诗经》上说：‘自西自东，自南自北，无不心服。’就是这个意思。”

孟子很清楚地区分了“王”“霸”——以力服人的就是霸，以德服人的就是王，而孟子所大力提倡的正是“王道”思想。

当初齐宣王询问孟子有关齐桓公和晋文公的霸业，孟子回答说没有听说过。其实，孟子并不是不知道，而是不想提起霸道而已。后来，孟子曾向弟子们讲到春秋五霸。他说：

“春秋五霸是夏商周三代帝王的罪人；现在的诸侯，都是五霸的罪人；现在的大夫，又都是当今诸侯的罪人。

“天子到诸侯列国去巡行，叫作巡狩；诸侯朝见天子，报告国情，叫作述职。天子在春天时要巡察百姓的耕种而补足他们的不足，秋天要巡察百姓的收成而资助歉收者。天子进到诸侯的国境，看到土地开垦，田野整治，能够供养老人，尊重贤人，人才在位，就给予奖赏，加封土地。若看到土地荒凉，老人无依，不用贤人，贪官在位，就加以责罚。诸侯一次不来朝见，就降低他的爵位；再不来朝见，就削减他的封地；三次不来朝见，就出动六军去征讨他。所以天子只是下令声讨有罪的诸侯而不亲自攻伐，而诸侯则是奉命攻伐有罪的诸侯而不声讨。春秋五霸则是强迫各国诸侯去攻伐别国。所以说，五霸是三代帝王的罪人啊！

“春秋五霸以齐桓公为最强，他在葵丘这个地方会合诸侯时，订立五条誓约：

“第一条：诛罚不孝者，不更立王位继承人，不以妾为妻。

“第二条：尊重贤人，教育人才，表扬有德者。

“第三条：敬老慈幼，保护旅客。

“第四条：士人之官不得世袭；一官一事，不得兼职；取用士人，要凭真才；不得任意杀大夫。

“第五条：不改变河道而贻害他国，不禁止粮食的输入；如在国内分封领土要通知各国。

“誓约订完之后，又说：‘凡我同盟，既盟之后，言归于好。’当今的诸侯都违反了这五条盟约。所以说，当今的诸侯都是五霸的罪人。

“听任国君的罪恶滋长，这罪还小；迎合引诱国君的恶念，这罪可大了。现在的大夫无不逢迎引诱国君的恶念，所以说，现在的大夫都是诸侯的罪人啊！”

从这里看来，孟子的理想政治是“三代之治”，上下和谐，只用仁爱和礼义来维持天下的秩序。

到春秋时，周天子渐渐丧失了天下宗主的权威，原有的政治秩序遭到破坏和挑战，于是才有齐桓公和晋文公的霸业出现。霸政是用武力为后盾来“尊王攘夷”，尚且还能维持濒临崩溃的政治秩序，比起孟子当时的战国时代的混乱局面，已经算是好多了。孟子对于当时执政的诸侯和卿大夫，深表不满，在他看来，他们连春秋五霸都不如，更不用谈到“三代之治”了。

当时的列国诸侯，上则求霸业，下则图生存，从没有向往仁政的。孟子深深地叹息着。他来到齐国，依然坚持着关怀人民的人道主义。那时候，各国国君和贵族的生活都很奢侈，拥有广大的园囿和离宫别墅。相形之下，一般老百姓却经常处在饥寒的边缘，甚至遭受流离失所、暴尸荒野的命运。这是不合理、不公平的。孟子时常不容已地涌现出激烈的道德抗议。

有一天，齐宣王在他的别墅“雪宫”接见孟子，向他夸耀豪华的宫殿建筑、富丽堂皇的装潢和种种的生活享受，说：“贤君也有这种快乐吗？”

孟子说：

“有的。如果人民不能同享，他们就会批评国君。不能同享快乐，因而批评君上的人，固然不对，可是为人君上却不与民同乐，也是不对的。以百姓的快乐为自己的快乐，百姓也会以国君的快乐为自己的快乐；以百姓的忧愁为自己的忧愁，百姓也会以国君的忧愁为自己的忧愁。以天下之忧为忧，以天下之乐为乐，这样还不能使天下归服，是从未有过的。

“以前齐景公问晏子：‘我想到转附、韩儛两座名山去游历，然后沿着海岸南下，一直到琅邪。我该怎么做，才能比得上古代先王的壮游呢？’晏子答道：‘问得好啊！天子到诸侯的国家，叫作“巡狩”，也就是巡视诸侯所守的疆土的意思。诸侯朝见天子叫作“述职”，也就是报告他的政绩的意思。无论是“巡狩”或“述职”，都是必要的事情。春天时巡视耕种情形，对百姓的需要加以补助；秋天时考察收获的情况，对歉收的农户加以救济。所以夏朝的谚语说：“我王不出游，我们怎能得以休息？我王不出游，我们又怎能得到救助？我王每次出行巡游，都足以作为诸侯的法度！”现在啊，就不这样了。国君一出游，兴师动众，到处筹粮运米，以至于饥饿的百姓没饭吃，劳苦的士卒不得休息。大家都怨声载道，人民也都铤而走险，为非作歹了。这样的出巡，违背天意，虐待百姓，大吃大喝，如同流水，流连忘返，纵欲无度，实是令人担忧。什么叫作流连荒亡呢？从上游顺流而下，乐而忘返，叫作“流”；逆流而上，乐而忘返，叫作“连”；追逐禽兽，迷于打猎，以致荒废政事，叫作“荒”；沉溺于饮酒，不知节制，叫作“亡”。古代的先王从没有流连之乐，荒亡之行。古今这两种情形，由陛下自己决定吧！’

“景公听了很高兴，于是先在城内做好出巡的准备，然后驻宿在郊外，又拿出钱粮救济贫穷。景公把乐官太师叫来，说：‘给我创作一首君臣同乐的歌曲吧！’这首乐曲就是《徵招》（zhǐ sháo）和《角招》（jué sháo）。那歌词里有一句：‘阻止国君的私欲，有什么罪过呢？’阻止国君的私欲，就是爱护国君啊！”

齐宣王又问道：

"听说文王有一处狩猎场，方圆七十里，是真的吗？"

孟子说：

"古书上确是这么记载。"

宣王说：

"真有这么大吗？"

孟子说：

"老百姓还嫌太小呢！"

宣王愈觉得不解，又问道：

"我的狩猎场只有方圆四十里，老百姓还嫌太大，为什么呢？"

孟子说：

"文王的狩猎场方圆七十里大，樵夫可以进去，猎人也可以进去。与民同享，老百姓认为太小了，这不是很自然吗？记得我刚到齐国的边界时，先问明了最大的禁忌，才敢入境。我听说在国都的郊外有个狩猎场，方圆四十里，要是哪个人杀了里面的麋鹿，就如同犯了杀人罪。那么，这方圆四十里的狩猎场，就等于在国内布置一个陷阱。老百姓认为这个陷阱太大了，不是很自然吗？"

孟子的词锋锐利，即使面对势高位尊的诸侯也是毫不客气。幸好齐宣王也颇有雅量，能听得下去。

还有一次，孟子从庄暴那里得知宣王喜欢音乐，于是在和宣王见面时就将此事提出来：

“陛下是否曾告诉庄暴，说您喜欢音乐？”

宣王听了觉得不好意思，久久才说：

“我并不是喜欢古代圣王的古典音乐，只是喜欢一般的流行音乐而已。”

孟子说：

“这没关系。只要陛下喜欢音乐，那齐国就有希望了。喜欢现在的流行音乐，和喜欢古典音乐是一样的。”

宣王说：

“这怎么说呢？”

孟子问道：

“一个人独自欣赏音乐较愉快呢，还是和别人一起分享较愉快？”

宣王说：

“当然和别人一起欣赏较快乐。”

孟子又问：

“少数人欣赏音乐较快乐呢？还是多数人一起欣赏较快乐？”

宣王说：

“当然跟多数人欣赏较快乐。”

孟子接着说：

“那么，就让我谈谈娱乐的道理吧！假如陛下在这里奏乐，百姓听到鸣钟击鼓，吹箫奏笛，全都感到头痛，愁眉苦脸，彼此诉怨：‘我们的国君这么爱好音乐，为什么使我们沦落到这般地步？父子不相见，兄弟妻子离散！’假如陛下在这里打猎，老百姓听到车马的声音，看到华丽的仪仗，却全都感到痛苦，愁眉苦脸，彼此诉苦：‘我们的国君这样爱好打猎，为什么使我们沦落到这般地步？父子不相见，兄弟妻子离散！’为什么老百姓会这么深恶痛绝呢？没别的，只因为不能与民同乐的缘故。

“假如陛下在这儿奏乐，百姓听到了鸣钟击鼓，吹箫奏笛，全都兴高采烈地互相走告：‘我们的国君大概身体健康吧，要不怎么会奏乐呢？’假如陛下在这儿打猎，老百姓听到车马的声音，看到仪仗的美丽，全都兴高采烈地互相走告：‘我们的国君大概身体健康吧，要不怎么能打猎呢？’为什么百姓会这么高兴呢？没别的，只因为能与民同乐的缘故。

“所以，总结一句话，陛下若能与民同乐，就可以王天下了。”

齐宣王是个坦率的君主，他对孟子的劝言表示愿意接受，但又不敢自信能够做到。孟子呢，他当然知道理想和现实之间的差距，可是他的信念坚定，一直希望当政者能够发挥良知，照顾到广大百姓的生活。

当时，在齐国境内有一座周天子巡狩祭祀用的“明堂”，由于天子巡狩之礼已经久不实行了，很多人向齐宣王建议把泰山下的明堂拆了。宣王拿这件事来请教孟子。

孟子答说：

“那泰山下的明堂，是从前天子巡狩到东方，用来朝会诸侯的殿堂；陛下如果也希望实行称王天下的仁政，那就不必拆了。”

宣王问：

“怎样实行称王天下的仁政，可以说来听听吗？”

孟子于是叙述以前文王治理人民的措施。当时文王在农业上施行井田制度，在商业上施行关税开放政策；百姓可以自由捕鱼打猎，要是犯了罪，并不株连到无辜的妻儿家属。对于穷苦无告的老人和孤儿，特别照顾。孟子还引一句《诗经》上的话：“富人是可以过活了，可怜这些孤苦无依的吧！”

宣王听了，大为感动，说道：

“您讲得太好了！”

孟子便说：

“陛下如果认为很好，为什么不实行呢？”

宣王这时候讪讪地说：

“寡人有个毛病，就是喜欢财货！”

孟子说：

“没关系。从前周朝的祖先公刘也喜欢财货，但是他能和百姓共享，所以百姓都跟随他。陛下如果喜欢财货，也和百姓同享，如此要王天下又有什么困难？”

宣王又说道：

“寡人又有个毛病，就是喜欢女色！”

孟子说：

“这也没关系。从前周朝的祖先太王也喜欢女色，可是在他治理下的人民，内无怨女，外无旷夫，男婚女嫁，都很美满，若是这样，称王天下又有什么困难？”

从这里可以看出，孟子虽然坚持他那人道主义的旗帜，但是他从不故作清高，而是亲切落实，从最平凡可行的地方来引导人们发觉人人本有的良知爱心，扩而充之，达到“己立立人，己达达人”的境地。孟子告诉我们，想要成就完善的人格，或是达到仁政的理想，只是在于为与不为而已。

【思考时间】

记得孟子初见梁惠王时，说：“王，何必曰利？亦有仁义而已矣！”然而，在这节里，我们看到孟子强调“与民同乐”、“与民同利”，证明孟子并不反对“利”。孟子的“义利之辨”可分三层意思来了解：（一）针对当时富国强兵的思想而发，强调在富国强兵之上安立“仁义”的道德原则。（二）在政治和经济层面，强调利益的合理分配，使达到均平的理想。（三）在生命修养上，强调物质层次之上另有更高的精神层次。

三、民主思想的萌芽

孟子向齐宣王提出了以仁政王天下的远景，虽然孟子一再强调其可行性，但是若没有一套具体的施政办法，那么，孟子所说的王道政治都将成为高悬的理想而已。孟子当然知道这一点，所以在另一次见齐宣王的机会里，就谈到这个问题：

“假如要建筑一座高大的宫室，那一定要叫负责工程的单位去寻找巨大的木料。若工程师找到了巨大的木料，陛下就高兴，认为他能称职。若工人把木料砍得太小了，陛下就发怒，认为他不称职。

“同样的道理，如果有人从小就学习治国的大道，到了成年，想加以实行，陛下却对他说：‘把你所学的丢开吧，照我的意思去做就可以了。’那行不行呢？好比现在有一块没有经过雕琢的璞玉，十分值钱，陛下一定要请玉工来雕琢。可是一说到治理国家，却说：‘把你所学的丢开吧，照我的意思去做就可以了。’这和要玉工按照陛下的意思去雕琢玉石又有什么分别呢？”

建筑宫室和雕琢玉石都需要具有专业知识和技术的专家，为什么治理国家就不需要专家呢？孟子认为，治国的首要条件就是举用贤能的人。

孟子进一步指出，当政者选拔人才要从两方面来看，一是人格，二是才能。唯有能“贵德而尊士”，使“贤者在位，能者在职”，国家才能富强，这样的富强也才是孔孟所赞许的。

孟子曾说过：

“当政者如果不任用仁慈贤能的人，那么国家就会空虚；如果没有礼义，那么上下就要大乱了；如果没有讲究效率的行政制度，那么财政上就会不够充足了。”

过了一阵子，孟子又去见齐宣王，说道：

“所谓历史悠久的国家，并不在于有高大的乔木，年代久远的意思，而是要有累世立功的大臣。可是现在陛下不但没有这种大臣，连一个亲信的臣子都没有了。昨天才任用的人，现在跑到哪里去都不知道呢！”

宣王问说：

“怎样去识别那些缺乏才能的人而不用呢？”

孟子回答：

“国君任用贤能的人，常要把出身卑贱的人提拔在尊贵的人之上，把疏远的人提拔在亲近的人之上，像这样能不谨慎吗？因此，在选用人才时，左右亲近的人都说某人好，还不可轻信；满朝的大夫都说某人好，也不可轻信；当全国的人都说某人好时，然后进一步去考察他；发现这个人真是贤能，才决定录用他。又如左右亲近的人都说这人不能用，不要轻易听信；满朝的大夫都说这人不能用，也不要轻易听信；当全国的人都说这人不好，然后进一步去考察，发现他真是不好，才决定不用。若有犯法的案件，左右亲近的人都说某人可杀，不要轻信；满朝大夫都说可杀，也不要轻信；当全国的人都说某人可杀时，然后进一步去考察，发现罪证确凿，真是该杀，然后才杀他。这样，才可以做百姓的父母。”

在战国时代，还没发展出客观的考试制度来任用人才，但是孟子已经意识到这个问题的重要性了。根据他的见解，政治上的得失成败乃决定于能否使贤能的人有表现的机会。唯有“人”才是政治上的决定因素。

但是，如何判断一个人是否贤能呢？这便往往会失之主观了。为了避免个人的主观成见，尽可能达到客观的程度，孟子便提出了富有民主精神的办法——尊重民意。“国人皆曰贤，然后察之；见贤焉，然后用之。”这不是民主精神的表现吗？

孟子思想的最伟大贡献之一，就是提出“民本思想”。孟子曾说：

“人民是最重要的，其次才是国家，国君是最轻下的。因此，得到人民支持的才能做天子；得到天子任用的才能做诸侯；得到诸侯重视的才能做大夫。如果诸侯的所作所为危及国家，就废置改立。”

在两千多年前，这是一段多么进步的言论！“民为贵”，孟子在“保民而王”、“与民同乐”的呼声里，已经清楚地揭举出来了。更可贵的，孟子勇敢地在国君面前说：“君为轻！”这在封建专制时代，是值得大书特书的理性与勇气。

最重要的，孟子提出政权的合法性必须建立在人民的支持上；换句话说，人民虽无法自己治理自己，但是人民拥有“同意权”，唯有经过人民的同意，执政者的统治才合法有效。这种思想是人类文明史上的一大进步。为什么呢？因为以前的帝王都宣称，他们获有“天命”——具有意志的天帝降给他们统治天下的命令。这是为什么后来的皇帝都说他们是“真命天子”的缘故。孟子便举出历史上的例证来驳斥这种充满权力野心的讲法。他说：

“夏桀和商纣失去天下，是因为他们失去了人民的支持。失去人民的支持，是因为失去了他们的信心。这样看来，得天下是有原则的：能得到人民的支持，就能得天下了。得到人民的支持也有原则：能得到民心，也就能得民了。得到民心也有原则：人民所需求的，能够充分地供应；人民所讨厌的，就不要强制他们。

“人民归服于仁政，就好像水往低处流，兽向野外走一样，是很自然的。所以，把鱼赶进深水的是那吃鱼的水獭；把麻雀赶进树林里的是那吃雀的土鹯（zhān）；使人民去归服商汤、周武王的，就是那残害人民的夏桀和商纣啊！现在的诸侯要是有好仁的，那么其他各国的诸侯所统治下的人民都会来归服的；纵使他自己不想王天下，也无法自己决定了。

“今天想要称王天下的人，犹如生了七年的病，而求那收藏了三年的艾草来治疗一般，如果不马上储存，那么一辈子都不可能找到。所以现在那些想称王天下的人，如果不实行仁政，只有一辈子生活在忧愁和耻辱里，最后不免于身死国亡的惨境。”

从这里可以知道，孟子所标举的仁政理想并不是抽象、空洞和不切实际的，而是以“民主思想”为具体的内容。孟子的民主思想也就是他那人道主义的具体表现！

民主政治最重要的就是，政权的获得和转移要合于人民的意志。孟子看到当时的诸侯经常发动武装政变来获取王位，而遭殃受害的只有老百姓。广大的人民为野心政客的争权夺利而承担悲惨的命运，这是不公平的、不仁道的。孟子有鉴于此，便强调政权的和平转移。

孟子的弟子万章就曾经问到尧舜禅让的问题：

“尧将天下授予舜，有这回事吗？”

孟子答道：

“不，天子不能将天下授予人。”

万章又问：

“那么，舜得到天下，是谁授予的？”

“天授予的！”

万章问道：

“上天是一再告诫而授予他的吗？”

孟子说：

“哦，不！天不说话，而是借着舜的行事而表示意思而已。”

“怎么借舜的行事来表示上天的意思呢？”

孟子说：

“天子能够向上天推荐人，却不能使上天给他天下；诸侯能向天子推荐人，却不能使天子给他诸侯的封位；大夫能向诸侯推荐人，却不能使诸侯给他大夫的职位。从前，尧将舜推荐给上天，上天接受了；将他公开介绍给百姓，百姓也都接受了，所以说，上天不说话，以行事来表示而已。”

万章问：

“您说，推荐给上天，上天接受了；公开介绍给百姓，百姓也接受了。这是怎么说呢？”

孟子说：

“让他主持祭祀，若是百神都来享用，这表示上天接受了；叫他主持政事，所有的事情都做得很妥善，百姓也很满意，这表示百姓接受了。上天把天下交付给他，人民也交付给他，所以说：‘天子不能把天下交付他人。’舜辅佐帝尧有二十八年，这不是人力所能做的，而是天意啊！帝尧死了，三年之丧完毕，舜为了使尧的儿子能够继承天下，自己便逃到南河的南边去。然而天下诸侯来朝见的，不到尧的儿子那里，而到舜这里来；打官司的，不到尧的儿子那里，而到舜这里来；歌颂功德的，不歌颂尧的儿子，而歌颂舜。所以说，是天意啊！这样，舜才回到都城，登上天子之位。如果帝尧死后，舜就占住尧的宫室，逼走尧的儿子，这便是篡位，而不是上天付予他天下了。《书经·泰誓》上说：‘百姓所见到的即是上天所见到的，百姓所听到的亦即是上天所听到的。’就是这个意思啊！”

孟子很清楚地指出，政权的转移要获得天意和民意的支持，而实际上天意就是民意，民意就是天意，并非在“民意”之外另有“天意”，所以他说：“天视自我民视，天听自我民听。”这古老的政治智慧，真是历久弥新啊！

孟子曾说过：“对诸侯而言，最宝贵的东西有三项：土地、人民、政事。诸侯若只喜欢珠宝财色的，一定会遭殃。”事实上，在“土地、人民、政事”这三项中，无疑地，“人民”乃是最为根本。人民的生命、财产、幸福、权利、教育、职业，都是需要尊重和保障的。面对当时拥有权力和财富的国君，孟子毫不犹豫地为人民争取人权。孟子，他才是一位真正的人权斗士！

【思考时间】

1. 在任用人才方面，孟子提出了“贤者在位，能者在职”的见解，强调“人格”和“能力”并重，和今天我们强调的“廉能政治”，“廉”就是指操守廉洁，“能”就是要求行政效率，是否相同？

2. 孟子的“民为贵，社稷次之，君为轻”，为民国以来向往民主政治的人所乐道，认为孟子具有民本思想和民主精神。试问：“民本思想”和“民治思想”是否一样？提示：“民治”是指人民通过选举和议会政治制度来行使政治权利。又试问：“民治思想”当然要以“民本思想”为基础，可是有了“民本思想”而缺乏“民治思想”，那是否可以称为“民主”呢？

第四章
抗议的声音

自反而不缩，虽褐宽博，吾不惴焉？自反而缩，虽千万人，吾往矣！

——《孟子·公孙丑上》

一、浩然之气

孟子到了齐国后，经常有机会和齐宣王对谈，倒也可以充分地表达他的思想立场，虽然看不出齐宣王有多少纳言的诚意，但起码可以看出对孟子的尊敬。终于有一天传出了任用孟子为客卿的消息，弟子们都很高兴。当然，这对孟子而言，也是重要的转机。

公孙丑知道了这消息，便和孟子谈起：

“假如老师在齐国当权执政，能够重新振兴管仲、晏子的功业吗？”

孟子说：

“你真是一个齐国人，只知道有管仲、晏子而已！曾经有人问过曾子之孙曾西道：‘您和子路相比，谁贤？’曾西不安地说道：‘子路是我先祖敬畏的人，我哪敢和他相比？’那人又问道：‘那么您和管仲相比，谁贤？’曾西马上很不高兴地说：‘你怎么竟拿我和管仲相比！管仲完全获得齐桓公的信任，执政的时间又长，可是他只造成那么卑下的霸业，你怎么拿我跟这个人比！’”

孟子接着又说：

“管仲这个人，连曾西都不屑一比的，你以为我愿意吗？”

公孙丑又问：

“管仲辅佐桓公称霸天下，晏子也使景公威名显赫，像管、晏二人还不值得效法吗？”

孟子说：

“以齐国的条件而言，要称王天下，可说易如反掌。”

公孙丑问：

“这样说，弟子就更不明白了。像文王的道德修养，又很长寿，他的教化还不能普及全天下；武王、周公继续努力，然后才大行于天下。现在您把王天下说得那么容易，那么文王也不值得效法吗？”

孟子说：

“怎么能同文王相比呢？从商汤传到武丁，中间出现了六七位贤君，天下的人归服商朝已经很久了，因此基础稳固，不易动摇。武丁召见诸侯，拥有天下，也就很容易了。到了纣的时候，由于上距武丁还不久，前代有功的世家和善良的习俗，流风善政，还保存着；又有微子、微仲、王子比干、箕子、胶鬲（gé），他们都是贤人，共同辅佐纣王，所以纣王虽然暴虐，也经历了相当长久的时间才亡国。当时没有一尺土地不是属于纣王的，没有一个百姓不是纣王的臣属，可是文王还能借着方圆百里的小国兴起，所以是很艰难的。

“齐国人有句俗话说：‘纵有聪明，还得趁形势；纵有锄头，还得待农时。’现在的时势要推行王政，就容易了。纵使在夏、商、周初起的年代里，任何国家的国土也没有超过方千里的，现在齐国却有这广阔的土地了；鸡鸣狗叫的声音，从首都一直到西方的国界线，处处相闻，人烟如此稠密，齐国有这么多的百姓。国土不必再开拓，百姓也不必再增加，只要实行仁政来统一天下，就没有人能够阻止得了。而且统一天下的贤君不出现的时间，历史上从来没有这样长久过；老百姓被暴虐的政治所折磨，历史上也从来没有这样厉害过。肚子饥饿的人不苛择食物，口舌干枯的人不苛择饮料。孔子说过：'德政的流行，比驿站的传达政令还要迅速。'现在这个时候，拥有兵车万辆的大国实行仁政，老百姓的高兴，正好像倒挂着而给解救了一般。所以，'事半功倍'只有在这个时代才行。"

孟子在这个时候的神情特别昂扬，对于在齐国实行仁政，表现得相当乐观。这种愉悦的心境，是踏上旅途以来所未有的。这种情形，公孙丑看在眼里，于是在另一次机会里，又问道：

"老师若做了齐国的卿相，能够实现自己的主张，从此，小则可以成霸业，大则可以成王业，那是不足怪的。如果遇到这种机会，您是否会动心呢？"

孟子说：

"不，我从四十岁以后就不再动心了。"

公孙丑说：

"这么看来，老师比孟贲强多了。"

孟子说：

“这个不难，告子比我还早就不动心了呢。”

公孙丑说：

“不动心有方法吗？”

孟子说：

“有。北宫黝（yǒu）训练勇气时，有人刺他肌肤，他都不吭声退却；有人戳他眼睛，他都不眨眼逃避。他以为若受了一点点羞辱，就好像在众人面前挨了鞭打一样。既不能忍受卑贱人物的侮辱，也不买万乘之君的账，把刺杀万乘之君看成刺杀卑贱人物一样，对于各国诸侯是毫不畏惧的，而且，若是挨了斥骂，一定毫不客气地反击。孟施舍的培养勇气又有所不同，他说：‘我打起仗来，只知勇往直前，绝不计较胜败。在我的心中，从不知道什么叫失败。如果先估量敌人的力量才前进，先考虑胜败才交锋，这种人若碰到数量众多的敌人一定会害怕。我哪能一定打胜仗呢？不过是能无所畏惧罢了。’总之，孟施舍的养勇像曾子，北宫黝的养勇像子夏。这两个人的勇气，我也不知道谁强谁弱，但从培养方法而论，孟施舍比较简易可行。从前曾子对子襄说：‘你喜欢勇敢吗？我曾经从孔子那里听到关于大勇的理论：反躬自问，若是自己理屈，对方就算是穿宽大粗布衣服的卑贱人物，我能不心虚吗？若是理直，对方纵使是千军万马，我也勇往直前。这么看来，孟施舍的养勇只是保持一股无所畏惧的盛气，曾子却以理的曲直为断；孟施舍自然又不如曾子这一方法的简易可行。”

公孙丑说：

“请问老师的不动心和告子的不动心有何不同？”

孟子说：

“告子曾经讲过：‘假如在言论上无法了解，便不必反求于自己的本心；若反求本心而觉得不安，那就不必求助于意气。’我认为，不能得到心安，便不去求助于意气，是对的；但是若在言论文字上不能了解，便不切实体证一下，是不对的。为什么呢？因为心志理想是意气情感的主宰，而意气情感则是充满体内的力量。有了心志理想，随着就会产生意气情感。所以说：‘要坚定心志理想，不要滥用自己的意气情感。’”

公孙丑说：

“既然说，有了心志理想，随着就会产生意气情感。又说，要坚定心志理想，不要滥用自己的意气情感。这是什么道理？”

孟子说：

“心志理想和意气情感是会互相影响的。心志理想若专注于一事，必会影响到意气；反之，若意气情感也专注于一事，也一定会影响心志理想。举例来说，跌倒时，或奔跑时，只是行为而已，但也会造成心志的浮动。”

公孙丑问道：

“请问，老师长于哪一方面？”

孟子说：

“我善于分析别人的言论，也善于培养我的浩然之气。”

公孙丑又问道：

“请问什么叫‘浩然之气’呢？”

孟子说：

“这就很难说了。浩然之气是一种至大至刚之气。若以正义去培养它，不加残害，就会充塞于天地之间。这种气，需要正义和天理的配合；若失去了正义和天理的配合，就没有力量了。浩然之气是要靠不断地行其所当为之事，从内在所发出来的，而非偶尔做一件善事就可以产生的。只要做一件于心有愧的事，那种气就会疲软了。所以我说，告子不曾懂得义，因为他把义看成是外在的东西。我们必须把义看成是心性本有，不断地涵养它，时时留心警惕，但也不能刻意去帮助它快速成长。不要学宋国人那样子。宋国有一个农夫，担心禾苗老是长不大，就去把禾苗都拔高了些，然后累兮兮地回家，对家里的人说：‘今天累坏了，我帮助禾苗生长了！’他儿子赶快跑去一看，禾苗已经都枯槁了。其实，天下很少不像宋人那样去揠苗助长的。认为养气没有好处便不肯去实践，便好比是不肯插秧除草的懒汉。知道养气的好处，却急着帮它长大的，就好比是拔高禾苗的傻瓜，非但无益，反而有害。”

公孙丑又问：

“怎么样才算善于分析别人的言辞呢？”

孟子说：

“听了别人偏执一端的言辞，就知道他的心被什么所遮蔽；听了别人汪洋自恣的言辞，就知道他的心被什么所陷溺；听了别人淆乱是非的言辞，就知道他的心已经叛离正道；听了别人支吾闪烁的言辞，就知道他理屈的地方。这四种言辞，从心中产生出来，就会在政治上产生危害，进而危害具体的行事措施。如果圣人再出现，也一定会承认我的见解是对的。”

孟子这一番长篇大论，正具体而深入地说明了他的性格——充满了坚守正义的道德勇气。在被任为客卿的时候，孟子当然是高兴的，但并不因此而动心，因为他平素即善于自我训练，培养“浩然之气”。这“浩然之气”是以每个人都具有的道德良知为基础，和一般所谓的“勇气”是不一样的。“浩然之气”是道德的勇气，而不是匹夫的血气之勇。

【思考时间】

在《韩非子》一书里，有“儒侠”的记载，说明战国时代的儒家是重视勇敢的。儒家强调“智仁勇”，即可证明。试问，儒家提倡的是什么“勇敢”？孟子说：“文王一发怒，就使天下太平下来。”这是否也是“勇”的表现？

二、可以革命吗？

充满人道精神的民本思想，是孟子所始终坚持的信念，并不因齐宣王任他为客卿而有所改变；甚至于入仕以后，更激发了孟子的知识分子的责任感，以他那至大至刚的浩然之气，试图来挽救当时弥漫权力野心的政治风气。

此时，孟子在提出“民为贵”的民本思想之后，更尖锐地提出了“革命权利论”——人民在暴政之下是否保有革命的权利?

有一天，齐宣王问道：

“商汤流放夏桀，武王讨伐殷纣，真有这回事吗？”

孟子答道：

“古书上有这样的记载。”

宣王说：

“做臣子的杀掉他的君王，难道可以吗？”

孟子说：

“破坏仁德的人叫作‘贼’，破坏道义的叫作‘残’。这类的人，我们都叫他作‘独夫’。我只听说过周武王诛杀了独夫殷纣，没有听说过他是以臣弑君的。”

在这世界上，本来就没有人天生就是统治别人的君王。孟子在他的民主思想里很明白地说过，统治者的权力是要经过人民的同意的。因此，当统治者追求个人权力和利益而胡作非为时，他已经丧失了统治者的资格，不再是“君王”，而是“独夫”——为百姓所唾弃而孤立的人。像这种戕贼仁义的“独夫”，人民当然有权利起来推翻他。这是人民的基本权利。

这些话在齐宣王听起来，当然很不是滋味。于是，宣王又问孟子关于为公卿的道理。

孟子说：

“陛下所问的是哪一种类的公卿？”

宣王说：

“公卿的种类不一样吗？”

孟子说：

“不一样。有和王室同宗族的贵戚之卿，有非王族的异姓之卿。”

宣王又问：

“那么，我先问贵戚之卿好了。”

孟子答道：

“君王若有重大错误，他便加劝阻；如果反复劝阻了还不听，就把他废掉，改立别人。”

宣王马上变了脸色。

孟子说：

“陛下请不要奇怪。陛下问我，我不敢不拿老实话答复。”

宣王脸色稍微缓和下来，又请问非王族的公卿。

孟子说：

“君王若有错误，便加劝阻；如果反复劝阻了还不听，自己就离开。”

国君犯了错误，或是暴虐无道，马上会丧失了统治者的资格，可以把他废掉，改立别人。这种义正辞严的言论，怎能不教宣王变了脸色呢！

可是，当战国时代，政治秩序混乱，孟子曾感慨地说过：“世衰道微，臣弑其君者有之，子弑其父者有之。”许多有野心的臣子经常发动政变，推翻政权，结果遭殃牺牲的当然只有百姓了。公孙丑即曾经就这方面的问题请教孟子：

“伊尹说过：‘我不愿亲近违背礼义的人。’因此他把太甲放逐到桐邑，百姓大为高兴。等到太甲改过向善了，又恢复他的王位，百姓也大为高兴。请问，贤人作为臣属，若君王不好，就可以放逐吗？”

孟子说：

“如果有伊尹那样的心迹，未尝不可；如果没有伊尹那样的心迹，便是篡夺了。”

在这里，孟子分别了“革命”和“造反”。如果以民意为依归，推翻暴政，那就是革命；如果基于权力野心，那就是造反。

孟子又有一次和齐宣王谈话：

“假如有一个陛下的臣子把妻室儿女托付给一位朋友照顾，自己到楚国去游历了。等他回来的时候，发现他的妻室儿女却挨饿受冻。像这种朋友，应该怎么办呢？”

宣王说：

“和他绝交。”

孟子又说：

“假如司法官不能维持法律的独立尊严，那该怎么办？”

宣王说：

“撤职！”

孟子说：

“假如一个国君不能处理好政事，那又该怎么办呢？”

这时候，宣王回过头来左右张望，故意把话题扯到别处去了。

显然，最后一个问题所要逼出来的答案是——“撤掉他！”像这种富于进步意义的民主思想，需要极大的勇气才能讲得出来。在这里，孟子又再度表现了他那不畏权势的道德勇气。

孟子就曾讲过：

“和那些大人物谈话，就得轻视他，不要把他高高在上的架子放在眼里。殿堂的基础有两三丈高，屋檐有几尺宽，我如果得志，不会这样做。菜肴满桌，姬妾几百，我如果得志，不会这样做。饮酒作乐，驰驱田猎，跟随的车子有千百辆，我如果得志，也不这样做。这些都是我所不干的，我所为的都是古代圣贤的法度，有什么好怕他们的呢？”

孟子敢在万乘之君面前高谈民主思想，就是因为他抱着坚定的道德信念，认为使每个人都能获得完美的自我实现，那才是最重要的事情；相形之下，人间的权势地位，又有什么值得羡慕呢？

孟子说过：

“有天爵者，有人爵者。仁义忠信，乐善不倦，就是天爵；公卿大夫，就是人爵。古代的人修养他的天爵，自然就会有人爵。

现在的人呢，修他的天爵，是为了取得人爵；若取得了人爵，便抛弃他的天爵。这太不明事理，终究连人爵也会丧失的。”

天爵和人爵都是值得重视的，但是取之有道，是有本末先后的。修养完美的人格，蓄积充分的能力，本即是最高的目的；若再有机会服务人群，那就更好了。先修天爵，人爵随之，合则双美，若不能兼得，当然是以天爵为重。从这一原则来看，孟子发现，许多人修养道德，只是为了取得功名利禄的“人爵”，而在取得名利地位之后，便过河拆桥，将道德弃之不顾。像这种“伪君子”，孟子当然是毫不客气。

更重要的是孟子强调“人爵”——公卿大夫，包括天子——的担任，应该以“天爵”——仁义忠信，乐善不倦——为先决条件。如果不修“天爵”，人民是否可以取消他的“人爵”呢？孟子的答案是——可以。这便是孟子赞成革命的理论根据。

【思考时间】

有人认为，儒家思想是帮助统治阶级的，为统治阶级讲话，从以上的孟子言论来看，这种讲法合理吗？以专制独裁著称的明太祖，就十分不喜欢孟子，除了删节《孟子》一书外，还禁止祭祀孟子。其中的道理，从本节中就可以寻出若干消息了。

三、无穷的孝思

孟子任了齐国客卿后，滕国国君过世，于是宣王派孟子为吊丧的特使前往滕国，而且还派了盖（gě）邑的大夫王驩（huān）作为副使。当时，孟子是以精通礼数知名的。

正当孟子想有所作为的时候，年纪老迈的母亲过世了。孟母对孟子的影响很大，而孟子也事亲至孝。由于客居在齐，根据礼节，是要将孟母归葬家乡的。

孟子归葬完毕，回到齐国，到嬴县，暂留下来。

弟子充虞便问道：

“承蒙您看得起我，使我监理棺椁的制造工作，当时大家都忙碌，我虽有疑问，也不敢请教。今日才来请教：棺木似乎太好了。”

孟子答道：

“上古对于棺椁的尺寸，并没有一定的规矩；到了中古，才规定为棺厚七寸，椁的厚度以相称为准。从天子一直到老百姓，讲究棺椁，不仅是为着美观，而且是要这样才算尽了孝子之心。为法制所限，不能用上等木料，当然不称心；若能用上等木料而缺乏财力，也还不能称心。既有用上等木料的地位，财力又能买得起，古人都如此做了，我为什么不这样呢？而且，为了不使死者的尸体和泥土相挨，对孝子来说，难道就足以称心了吗？我听说过：在任何情况下，都不应当在父母身上省钱。”

当时，对于葬礼有几种不同的看法：儒家主张厚葬，墨家主张薄葬，道家则认为葬礼并没有多大意义。

例如，相传庄子将死的时候，弟子们决定要厚葬老师。结果，庄子知道了，说：

“我用天地做棺椁，用日月做双璧，星辰做珠玑，万物做殉葬，像这样的葬具难道不完备吗？有什么比这个更好的呢？”

弟子说：

“我们是怕鸟雀老鹰把老师吃掉呀！”

庄子说：

“放在地面上会被鸟雀老鹰吃掉，埋在地下会被虫蚁吃掉，从鸟雀老鹰那里抢过来给虫蚁吃，为什么这么偏心呢？”

能像庄子这么洒脱的人，大概为数不多。不过，当时墨家站在节约的立场，就反对儒家的厚葬久丧，主张桐棺三寸的薄葬，信仰的人倒不少。

孟子从鲁国归葬回到齐国后，由于丧礼甚为隆重，花费不少，引起一些人的议论。当时就有一位墨家信徒夷之通过孟子弟子徐辟的关系，要求见孟子。孟子说：

“我本来愿意接见，不过我现在身体不太舒服，等病好了，再打算去看他，他可以不必来！”

过了一些时候，夷之又要求见孟子。孟子说；

“现在可以相见了。不过，不说坦白话，真理显现不出，我姑且说坦白话吧。我听说夷子是墨家信徒，墨家治丧，以节约为原则，夷子也想用薄葬来改革天下，自然是认为不薄葬是不足贵的；但是他自己埋葬他的父母却相当丰厚，那便是以自己所轻贱所否定的东西来对待他的父母亲了。”

徐辟把这些话转告了夷之。

夷之说：

“儒家的学说认为，古代的君王爱护百姓就好像爱护婴儿一般，这句话是什么意思呢？我以为他的意思是，人对人的爱并没有亲疏厚薄的区别，只是实行起来从父母亲开始罢了。”

徐辟又把这些话转告了孟子。

孟子说：

“夷子真以为人们爱他的侄儿和爱他邻人的婴儿是一样的吗？夷子不过抓住了这一点：婴儿在地上爬行，快要跌到井里去了，这自然不是婴儿自己的罪过。这时候，不管是谁的孩子，无论是谁看见了，都会去救的。夷子以为这就是爱无次等，其实，这是人的恻隐之心。况且天生万物，只有一个根源，夷子却说有两个根源，道理就在这里。

“大概上古时曾有不埋葬父母的人，父母死了，就将他抛弃在山沟中。过了一些时候，经过那里，看到狐狸啃食尸体，苍蝇蚊子也咀吮着，那个人不禁额头上流着悔恨的汗滴，移开了目光，不敢正视。这时候流汗并不是流给别人看的，实是由于内心的悔恨而流露在脸上，因此他就回家拿锄头畚箕再把尸体埋葬了。埋葬尸体诚然是对的，那么，孝子仁人埋葬他的父母，自然有他的道理啊。”

徐辟把这话告诉了夷子，夷子怅惘地愣了一会儿，说道：“我懂了。”

孟子所以重视丧葬之礼，并不是把丧葬当作客观外在的形式而已，而认为是从内心发出来的孝亲爱亲的表现。孟子看到当时礼俗浇薄，便感慨地说道：

“能奉养在世的父母，还不能算是大事；只有在父母去世时能尽哀尽礼，才可以算得上是大事。”

另有一次，齐宣王表示要缩短守孝的时间。公孙丑说：

“守孝一年，不是比完全不守孝强些吗？”

孟子说：

“这好比有一个人想扭断他哥哥的胳臂，你却对他说，扭慢点儿吧！这怎么可以呢？只要教导他孝顺父母尊敬兄长便行了。”

后来，有个王子的母亲死了，王子的师傅替他请求守孝几个月。公孙丑问道：

“像这样的事，怎么办？”

孟子答道：

“这个是由于王子想要把三年的丧期守完而办不到，那么我上面所讲的，纵使多守孝一天也比不守孝好，是针对那些没有人禁止他守孝自己却不去守孝的人说的。”

儒家提倡三年之丧，当然是充满了理想性，以至于当时有许多人怀疑三年之丧的合理性，尤其是墨家最为反对。其实，早在孔子之时，孔子的弟子宰予早已质问过这个问题，认为守丧一年就够了。孔子的答复，是先问宰我这么想是否心安，若心安，就守一年丧好了。在这句话里隐含深意，因为孔子认为礼仪不只是形式而已，而应该有内心的真实情感为基础；若没有孝心，就是守了三年丧，又有什么意义？所以，孔子很感慨地说：

“宰我真是不仁啊！儿女生下来三年后，才离开父母的怀抱。那三年的丧礼，是天下通行的丧礼。宰我啊，你有没有三年的孝心来追思死去的父母呢？”

孟子继承了孔子的孝道思想，他在和弟子谈到舜的时候，说道：

“一般人在幼小的时候，就爱慕父母；长大以后，懂得爱情，便爱慕年轻而漂亮的异性朋友；有了妻子，便迷恋妻子；做了官，便讨好君主，若得不到君主的欢心，便内心焦急得发热；只有最孝顺的人才终身怀念父母。到了五十岁的年纪还怀念父母的，我在大舜身上见到了。”

“大孝终身慕父母”，孟子讲出了这句千古不易的名言！孟子还有一次谈论到孝道：

“侍奉谁最重要？侍奉父母最重要。守护什么最重要？守护自己使不陷于不义最重要。自己的品格节操无所失，又能侍奉父母的，我听说过；自己的品格节操已经陷于不义了，却能够侍奉父母的，我从没听说过。侍奉的事都应该做，但是侍奉父母是根本；守护的事都应该做，但是守护自己的品格节操是根本。

“从前曾子奉养他的父亲曾皙，每餐一定都有酒有肉；撤除的时候，一定要问，剩下的给谁？曾皙若问还有剩余吗？一定答道：‘有。’曾皙死了，曾元供养曾子，也一定有酒有肉，撤除的时候，便不问剩下的给谁了；曾子若问还有剩余吗？便说：‘没有了。’意思是留下预备以后进用。这个叫作口体之养。至于曾子奉养父亲，才可以称为顺从亲意之养。侍奉父母做到像曾子那样就可以了。”

又有一次，孟子的弟子公都子问道：

“匡章，全国都说他不孝，您却同他来往，而且相当敬重他，请问这是为什么呢？”

孟子答道：

“一般所谓的不孝有五种情况：四肢懒惰，不管父母的生活，一不孝；好下棋喝酒，不管父母的生活，二不孝；好钱财，偏爱妻室儿女，不管父母的生活，三不孝；纵欲享乐，使父母因此遭受耻辱，四不孝；逞勇敢，好斗殴，危及父母，五不孝。章子犯了这五项之中的一项吗？

“章子不过是因为父子间相责以善，以至于把父子关系弄坏了。以善相责，这是朋友相处之道，父子之间以善相责，是最伤害感情的事。章子难道不想有夫妻母子的团聚吗？就因为得罪了父亲，不能和他亲近，因此把自己妻室也赶出去，把自己儿子也赶到远方，终身不要他们侍奉。他这样设想，若不如此，那罪过就更大了，这就是章子的为人呢。”

从这件事可以知道，对任何人的行为实不能轻易地下道德判断。在下道德判断之前，应先弄清楚事情的真相；而且，即使真相明白了，也要谨慎地下判断啊！以匡章来说，是因为父母不和，父亲杀了母亲，家庭发生了大变故；在变故之前，匡章曾经劝过父亲，他的父亲不听，才有如此的伦常悲剧。这是无可奈何的悲剧，岂可随便给他扣上“不孝”的罪名？

【思考时间】

1. 就丧葬之礼而言，孟子、墨子和庄子的看法各不相同，你认为哪类讲法较合理？古代儒家讲“三年之丧”，这在今天的时代是否适宜？

2. 孟子说过：“不孝有三，无后为大。”你对这句话有什么看法？

3. 在今天的社会上，由于受到西方文化的影响，家庭的制度和伦理也逐渐在变迁中，亲子关系由要求“父慈子孝”转化为要求“上下沟通”，这和传统的孝道思想是否有冲突之处？

第五章
道德的理想主义

夫天未欲平治天下也；如欲平治天下，当今之世，舍我其谁也！

——《孟子·公孙丑下》

一、齐人伐燕

公元前316年，也就是孟子仕齐为客卿的那一年，燕国发生了政治变化——燕王哙（kuài）把王位禅让给宰相子之。这件事情后来导致了齐国和燕国之间的一场战争，也间接促使孟子离开了齐国。

话说从头。当燕易王时，纵横家苏秦与易王母后私通，后来因怕被杀，借机到了齐国。

易王在位十二年后死了，其子燕哙即位。这时候，齐人将苏秦杀了。苏秦有位弟弟名叫苏代，也是著名的政客，在苏秦死后即受到齐宣王的重用。

燕哙即位三年后，曾与楚、韩、赵、魏等国联军攻秦，结果一战而败。燕哙遭到这次严重的挫折，声誉下降，反而增强了宰相子之的权势。

苏代看到这种情势，由于他和宰相子之的交情甚密，即借故为齐出使到燕国，先劝燕王哙重用子之，接着又以尧舜禅让的美谈来劝燕王将王位禅让给子之。燕王哙果然听信苏代之言，将政权交给子之，自己反而北面称臣，国事全由子之决定。

三年以后，国家大乱，百姓恐惧。将军市被和太子平密谋讨伐子之。这时候，有人劝齐宣王伐燕，必可成功。

当时，齐国上下都非常关心这件国际大事，也预感到一场战争即将来临。齐国大臣沈同就曾经私下问过孟子：“可以讨伐燕国吗？”

孟子答道：

“可以。燕王哙不能够以自己的意思把燕国让给别人，他的相国子之也不能够就这样从燕王哙那里接收燕国。譬如有这么一个人，你很喜欢他，不向君王请示便自作主张，把你的俸禄官位都让给他；他呢，也没有君王的任命便从你那里接受了俸禄官位，这样可以吗？燕王、子之的私相授受和这个例子又有什么分别呢？”

孟子批评燕国的让位事件，认为并不合古代禅让政治的本意；换言之，孟子认为王位或官位并非是私有的，自然不能私相授受，若要转移政权，应该以“民意”为合法的依归。孟子以前即明白地讲过：

“得到人民支持的才能做天子！”

“天子不能将天下授予人！”

然而，燕王哙却私自将国家授予相国子之，并没尊重人民的意愿。这是孟子所不能同意的。

公元前 314 年，齐宣王派人向燕太子平表示愿意支持他，于是太子平聚众起义，反抗子之所领导的政权，并派将军市被带兵攻打王宫。结果，将军市被在这时候叛变，倒戈相向，反过来攻打太子平的军队。将军市被战死，太子的复国之举也失败了。此时，燕国陷于内战，情势混乱，战死或无辜牺牲的百姓不计其数，人民在战火离乱之下，怨声载道，离心离德。齐宣王见时机不可错过，于是派匡章率兵伐燕。

孟子对这次的军事行动，本来抱着期望的。他以为，这是宣王以仁义之师称王天下的时候了。显然，孟子希望齐宣王能效法周文王、武王，以吊民伐罪，拯救百姓于水火中为政治号召，进而推行仁政于天下。

可是，事实上齐宣王只有扩张领土的野心而已，缺乏实施仁政的诚意。因此，在齐人出兵伐燕之后，有人问孟子道：

“您是否劝过齐王讨伐燕国？”

孟子说：

“没有。沈同曾经私下问过我，说：‘燕国可以讨伐吗？’我答说：‘可以。’他们就这样去打燕国了。他假若再问：‘谁可以去讨伐他呢？’那我便会说：‘只有天吏才可以去讨伐。’譬如这里有一个杀人犯，有人问道：‘这犯人该杀吗？’我也会说：‘该杀。’假若他再问：‘谁可以杀他呢？’我会说：‘只有司法官才可以杀他。’如今，和燕国同样暴虐的齐国去讨伐燕国，我为什么要加以鼓励呢？”

齐军进入燕国以后，势如破竹，并没有遭遇到顽强的抵抗便占领了燕国。燕王哙和宰相子之均死在这次军事行动中。齐国迅速地攻下了燕国，齐宣王得意扬扬，向孟子问道：

“有些人劝我不要吞并燕国，也有些人劝我吞并它。我想：以一个拥有兵车万辆的大国来攻打同样有兵车万辆的大国，只用五十天便打下来了，若光凭人力是做不到的呀，一定是天意如此。如果我们不把它吞并，上天会认为我们违反了天意，因而降下灾害来。吞并它吧，您认为怎么样呢？”

孟子答道：

“如果吞并以后，燕国百姓都很高兴，便可以吞并它。古人曾这样做过的，周武王便是。如果吞并它，燕国的百姓不高兴，那就不要吞并它。古代也有人这样做过的，周文王便是。以齐国这样拥有兵车万辆的大国，来攻打燕国这样拥有兵车万辆的大国，燕国百姓却捧着酒饭来欢迎您的军队，难道会有别的意思吗？只不过是想逃开那水深火热的痛苦日子罢了。如果他们的灾难反而更深，就会转而盼望别人来解救了。”

最后的一句话语重心长，是孟子真正要讲的。果然，齐军以征服者的姿态出现，欺压百姓，掠夺财货，占领区隐藏着反抗的危机。而且，齐国占领燕国之后，破坏了列国之间的均势，其他国家已经准备出兵救燕。宣王这时候着急了，便去问孟子：

“很多国家正在商议着来攻打我国，要如何应付呢？”

孟子答道：

“我听说过，有凭借着方圆七十里的国土来统一天下的，商汤就是，却没听说过方圆千里的大国却害怕其他小国的。《尚书》记载：‘商汤征伐，从葛国开始。’天下人都很信服他，因此，向东方进军，西方国家的百姓便不高兴；向南方进军，北方国家的百姓便不高兴，都说道：‘为什么把我们排在后面呢？’人们盼望他，就好像久旱盼望雨水一样。汤的征伐，一点也不惊扰百姓，做买卖的照样往来，种庄稼的照样下田。只是诛杀暴虐的国君来慰抚那些被压迫的百姓。他的来到，正好像天上及时降下甘霖一样，老百姓非常高兴。《尚书》又说：‘等待我们的王，他到了，我们也就复活了！’如今燕国的君主虐待百姓，陛下去征伐他，那里的百姓认为陛下是要把他们从水深火热的苦难中解救出来，因此都携饭带酒来欢迎陛下的军队。然而陛下呢，却杀掉他们的父兄，掳掠他们的子弟，毁坏他们的宗庙祠堂，搬走他们的国家宝器。这怎么可以呢？天下各国本来就害怕齐国强大，现在齐国的土地又扩大了一倍，而且还是暴虐无道，这自然会招致各国兴兵干涉。请陛下赶快发出命令，停止搬运燕国的宝器，再和燕国的人士协商，择立一位燕王，然后从燕国撤退，这样要使各国停止出兵干涉，尚且来得及。”

宣王并没有采纳孟子的意见，认为又是老调，太迂阔，不切实际。结果，燕国人民忍受不了齐国的占领统治，纷纷起来抗暴，终于光复国土，共同拥护太子平即位，即是燕昭王。

这时候，宣王才想起孟子对他所说过的话，慨叹地说道：

“我对于孟子感到非常惭愧。”

大夫陈贾在一旁听了，便说道：

“陛下不要难过。在仁与智方面，陛下和周公比较，谁强？”

宣王说：

“哎！这是什么话！我哪敢同周公相比？”

陈贾说：

“周公使管叔监督殷国，管叔却率领殷遗民起来造反。这一结果，如果周公早已预见到了，却仍然使管叔去监督，那是他的不仁；如果周公未曾预见到，便是他的不智。仁与智，周公尚且没有完全做到，何况陛下呢？我愿意去看看孟子，向他解释解释。”

于是陈贾来见孟子，问道：

“周公是怎样的人？”

孟子说：

“古代的圣人。”

陈贾又问：

“他使管叔监督殷国，管叔却率领殷遗民造反，有这回事吗？”

“有的。”孟子答道。

“周公早就预见管叔会造反，偏要派他去吗？”

“周公不曾预料到。”

陈贾于是说道：

“这样说来，圣人还会有过错吗？”

孟子说：

“周公是弟弟，管叔是哥哥，难道弟弟能疑心哥哥会造反吗？

周公这种错误，难道不也是合乎情理吗？而且，古代在上位的人有了过错，随即改正；今天在上位的人有了过错，竟将错就错。古代在上位的人，他的过错好像日蚀月蚀一般，老百姓个个都能看得到；当他改正的时候，个个都抬头望着。今天在上位的人，不仅仅将错就错，并且还编出一套说辞来辩护。”

说到后来，孟子便毫不客气把陈贾，连带齐宣王，都斥责了一番。齐人伐燕这场战争的戏剧终于落幕了，但是孟子从这次的政治事件看出齐宣王的不足以有为，即在此时，孟子萌生了离开齐国的想法。

【思考时间】

在这次“齐人伐燕”的军事行动上，孟子起先抱持“吊民伐罪”的乐观期盼，最后却发现事实上根本不是那么一回事，这是否说明了“吊民伐罪”只是被美化的理想？提示：“吊民伐罪”原是儒家赋予汤武革命的合理化根据，其后却成为改朝换代时的政治号召。在政治上，理念的合理是不够的，还需要落实下来的合理。

二、挞伐战争贩子

当齐国对燕国发动战争时，全国立刻进入战时状况。孟子在都城临淄常常看到一队一队的士兵开往前线，一批一批的伤患撤到后方。战争，这一个古老的残酷游戏，永不间歇地进行着，多少的妻离子散，多少的生离死别，就在这些好战的野心家手上导演上场。

孟子深深地为人类的愚蠢、自私和残忍慨叹着，有时，忍不住还高声痛斥这些战争贩子：

"今天服事君主的人都说：'我能够替君主开拓土地，充实府库。'今天所谓的'良臣'，正是古代所谓的'民贼'啊！君主不向往道德，无意行仁，却求使他的钱财富足，这等于使夏桀钱财富足。这些臣子又说：'我能够替君主邀结盟国，每战必胜。'今天所谓的'良臣'，正是古代所谓的'民贼'啊！君主不向往道德，无意为仁，却求替他卖命作战，这等于帮助夏桀。从目前这样的道路走去，也不改变今天这样的风俗习惯，纵使给他整个天下，他也是无法治理得好的。"

民贼，民贼啊！这些把自己的塑像立在千万百姓的枯骨上的野心家，正是孟子所毫不犹豫斥责的对象。孟子甚至要求制裁这些好战分子。

孟子有一次跟弟子谈到孔子和冉求之间的一件事：

"孔子的弟子冉求做季康子的总管，季康子非常富有，可是冉求不但不改变季氏的作风，反而还帮他聚敛财富，把田赋增加了一倍。孔子当时就说：‘冉求不再是我的弟子了，你们可以大张旗帜地攻击他！’从这件事看来，不辅佐君主施行仁政，反而去帮助聚敛财富，这种人都是被孔子唾弃的，更何况那些为不仁的君主拼命作战的人呢？这些人为争夺土地而战，杀人遍野；为争夺城池而战，杀人满城。这些人都是为了扩张土地而杀人，罪不容诛！因此，好战的人应该判处最重的死刑，从事合纵连横的人应该判处次等刑罚，而为了增加赋税使百姓开垦草莽以尽地力的人，该判处再次一等的刑罚！”

孟子说过，春秋时代就已经没有合乎正义的战争，但是比起战国时代，算是好多了。战国时代的战争多半是以歼灭对方为目的的大规模战争，孟子便曾说过：

“仁人无敌于天下，以至仁来讨伐至不仁，怎么会造成流血成河，连木杵都漂浮起来的景象？”

用“血流漂杵”来形容战争，就可以想象当时战争的惨烈了。

如何避免战争呢？如何和平地统一天下呢？孟子依然提出他的“仁者无敌论”：

“有人说：‘我善于战略指挥，我善于带兵作战。’这真正是大罪恶啊！一国的君主如果喜欢仁德，全天下便无敌手。商汤征讨南方，北方便怨恨；征讨东方，西方便怨恨，说：‘为什么不先到我这里来？’全天下的人都盼望商汤去解救他们。周武王讨伐殷纣，带领三百辆兵车，三千位勇士。武王对商纣的百姓说：‘不要害怕！我是来安定你们的，不是同你们为敌的。’老百姓于是都十分放心感谢。其实，‘征’的意思就是‘正’，各人都端正自己，做好自己的本分，那又何必要战争呢？”

孟子很清楚地表明反对战争的态度，支持他这种反战的理由，主要是仁爱的人道主义思想。

孟子说：

“我今天才知道杀别家亲人的严重后果。杀了别人的父亲，别人也会杀他的父亲；杀了别人的哥哥，别人也会杀他的哥哥。如此互相循环，彼此残杀，虽然父亲和哥哥不是被自己亲手所杀，但也相差无几了。”

立在高处，放眼四顾，只见遍地烽火，孟子的心情掺杂着悲悯、慨叹和愤怒！从战争的注视中，孟子沉思着人类命运的出路。

【思考时间】

20世纪曾是人类迄今为止最进步的时代，但是也发生了两次有史以来最大的世界大战。战后至今，东南亚、中东、非洲、中美洲，仍然战火不熄。这说明了“战争”仍是人类文明的最严重的问题。试问，你是否像孟子一样，思考战争的问题？尤其是战争和道德之间的问题？看过电影《现代启示录》吗？该片能提供思考上的启示。

三、土芥与寇雠

经历过这次的伐燕战争，孟子当初对齐国的期望彻底地破灭了。这些执政者只是为自己的权益着想而已，全是野心家；仁政的思想，在他们看来，那是迂阔不切实际的老调罢了。或许在孟子面前，他们还装得一副诚恳的样子，可是一转到背后，便又极尽揶揄了。

在齐宣王这边呢，也由于孟子尖锐地批评时事，甚至在战争期间说什么“善战者服上刑”，简直是瓦解民心，打击士气！他想，这位老先生真是愈来愈没有顾忌了。前些时，还说“君有大过则谏，反复之而不听，则易位”，臣子都可以把国君撤换掉，真是岂有此理！

就这样，孟子和齐宣王的关系日渐冷淡，而孟子也于此时决定要离开齐国了。虽然想要离去，他并没有放弃一向的原则——“唯有大人才敢指正国君的过失。”大人，就是顶天立地的知识分子。孟子想到这里，也就释然而安了。

有一次，孟子和齐宣王在一起谈话，谈到了君臣相处的原则，说：

“如果君主把臣下看待为自己的手足，那么臣下就会把君主当作自己的腹心。如果君主把臣下当狗马玩物一般看待，那么臣下就会把君主当作路人看待。如果君主把臣下当作泥土草芥那么轻贱，臣下就会把君主当作仇敌！”

孟子的意思很明显，君臣之间的关系并非是单纯的统御和效忠而已，而是相对的视对方的态度而定。君主固然高高在上，为臣下的也有选择君主的权利！因此，当时很多士人周游列国，并不固定于一个国家或政府。

在职务上，君主当然在上位，臣子在下位；可是在人性尊严上，君主是人，臣子也是，这完全是平等的，岂可以上欺下呢？孟子坚持对人性尊严的护持！

宣王听了，问道：

“礼制上规定，已经离职的臣下对过去的君主还得服一定的孝服，君主怎样对待臣下，臣下才会为他服孝呢？”

孟子说：

“上谏，君主接受了；建议，听从了；政治上的恩泽广被到一般百姓；若有特殊缘故不得不离开，那君主一定打发人引导他离开国境，并且派人到他所要去的那个地方先布置一番；若离开了三年还不回来，才收回他的土地房屋。这个叫作三有礼。这样做，臣下就会为他服孝了。

“如今做臣下的，劝谏，不被接受；建议，不被听从；政治上的恩惠到不了百姓；若有事情不得不离开，君主还把他捆绑起来；他去到一个地方，还想方设法使他穷困万分；离开那一天，就收回他的土地房屋。这个叫作仇敌。对于仇敌，还服什么孝呢？”

孟子就君臣之道再加以说明，他认为作为君主要尽君主之道，作臣下就要尽臣子之道，那么，什么是君臣之道呢？

孟子引了一句孔子的话说：“道二，仁与不仁而已矣。”意思是，不论为君或臣，只看他的行为是仁或是不仁而已。为人臣的固然要守仁道，为人君的也要守仁道。

在地位上，君臣有上下之分；但在道德人格上，只有仁与不仁之分。道德人格才是根本的，至于现实上的权力地位，就得视其道德人格而定，并非一成不变，甚至是应该随仁与不仁而转移的。

有一次，孟子和弟子万章谈论到知识分子是否应该谒见当政的国君。孟子反问万章说：

“老百姓去服役，是应该的；去谒见诸侯，却不应该。而且诸侯想见他，召唤他，是为什么呢？”

万章说：

“为的是他见闻广博，品德高洁。”

孟子说：

“如果为的是他见闻广博，那便应该以他为师。天子还不能召唤老师，何况诸侯呢？如果为的是他品德高洁，那我也不曾听说过想要和贤人相见却随便召唤的。

“举例来说，以前鲁缪（mù）公屡次去访晤子思，说道：‘古代拥有兵车千辆的国君，若和士人交友，是怎样的呢？’子思听了便不高兴，难道不是这样的意思吗？若论地位，那你是君主，我是臣下，哪敢和你交朋友呢？论道理，那你是向我学习的人，怎样可以和我交朋友呢？从这里说来，拥有兵车千辆的国君求和士人交朋友都做不到，何况召唤他呢？

“有一次，齐景公去打猎，用装饰着羽毛的旌旗召唤猎场管理员。他不来，景公就准备杀他。有志之士不怕死无葬身之地，弃尸山沟；勇敢的人见义勇为，不怕掉了脑袋。孔子赞美这管理员的哪一点呢？就在于他不接受所不应该接受的召唤之礼。”

万章又问道：

“召唤猎场管理员该用什么呢？”

孟子答道：

“用皮帽子。召唤百姓用全幅红绸做的曲柄旗，召唤士人用有铃铛的旗，召唤大夫才用有羽毛的旗。用召唤大夫的旗帜去召唤猎场管理员，猎场管理员死也不敢去；用召唤士人的旗帜去召唤老百姓，老百姓难道敢去吗？何况用召唤不贤之人的礼节去召唤贤人呢？想和贤人会晤，却不依循规矩礼节，就正好像要请他进来，却又关闭着大门。义好比是大路，礼好比是大门。只有君子能从这一条大路行走，由这处大门出入。《诗经》上说：大路像磨刀石一样平，像箭一样直。这是君子所行走的，小人所效法的。”

万章问道：

“孔子听到国君的召唤，不等车马驾好，自己便先走去。这样，难道是孔子错了吗？”

孟子说：

“那是因为孔子正在做官，有职务在身，国君用他担任的官职去召唤他。”

孟子的意思很明显，在国君这一方面，固然要尊贤礼士，态度要恭敬，不可自以为居上位而随便召唤贤士；在知识分子这一方面呢，当他面对执政者时，要坚执操守，不可自贬身价，甚至于拍马钻营。读书人应有其道德学问上的自许，固然要贡献给社会人群，但一定要走大路、进大门。

孟子说：“夫义，路也；礼，门也。惟君子能由是路，出入是门也。”这和孔子所说的“道二，仁与不仁而已矣”的意思是相通的。

孟子的弟子中有人认为老师的态度似乎太矜持而迂腐了，应该懂得变通些。弟子陈代便曾经问过：

“不去谒见诸侯，似乎只是拘泥于小节吧。如今一去谒见诸侯，大呢，可以实行仁政，统一天下；小呢，可以改革局面，称霸中国。而且古书上说：‘所弯曲的譬如只有一尺，而所伸直的却有八尺了，如此当然可以放心去干。’”

孟子听了，便将齐景公田猎召唤管理员的故事再说了一遍，接着又说：

“你说，曲折的只有一尺，所伸直的却有八尺，这完全是从利益的观点来考虑。如果专从利益来考虑，那么，所曲折的有八尺，所伸直的只有一尺，这也算利益吧，如此也可以干么？

“从前，赵简子命令王良替一个名叫奚的宠幸小臣驾车去打猎，整天打不着一只鸟。奚向简子回报说：‘王良是个差劲的驾车人。’有人便把这话转告了王良。王良说：‘希望再来一次。’奚在勉强之后才答应，结果一个早晨便打中十只鸟。他便又回报说：‘王良是一个高明的驾车人啊。’赵简子便说：‘那么，我就叫他专门替你驾车好了。’便告知王良此事，王良不肯，说道：‘我给他依规矩奔驰，整天打不着一只；我给他违背规矩驾车，一个早晨便打中了十只。我不习惯于替小人驾车，这差事我不能干。’驾车人尚且以和坏的射手合作为可耻，这种合作纵然可以猎到堆积如山的鸟兽，我也不肯干。假定我们先屈辱自己的志向和主张而追随诸侯，那又是为什么呢？而且你错了，自己不端正的人从来不能使别人也端正的。”

孟子贯彻“义利之辨”的原则：应该去做的，不能因利益的考虑而缩手；反之，不应去做，更不能因利益的诱惑而去做。“有所为而有所不为”，这就是立身处世的原则。孟子谆谆告诫我们：自己的行为都不合正道，怎么能够引导别人走向正道呢？

【思考时间】

陈代劝孟子说，委屈自己一步，却可以前进八步，从实效的观点而言，是有利而可行的。孟子却认为，如果完全从利益的观点来衡量，那么，退八步以求进一步也是可行的，因为总是前进了啊！如此一来，便没有不能做的事儿，也没有做不出来的事儿了。最后，便可以为了目的，不择手段。如此，还有什么道德人格可言？

你认为，陈代的观点是否有可取的地方？是否和孟子的论点绝对抵触，不可兼容？每个人在生活中，几乎都会遭遇到类似的问题，即现实利益和理想原则相冲突，这应该如何去面对和解决？

此节又可以清楚地了解孟子理想中的“君臣关系”，这和后世“君要臣死，臣不敢不死”的观念，相差甚为悬殊。可深思之。

四、舍我其谁

孟子和宣王之间的关系日益冷淡，很少有像以前畅谈道理的机会了。有一天，孟子在家里和弟子们谈话，说道：

“王的不聪明，是没有什么好奇怪的。纵使有一种最容易生长的植物，晒它一天，冻它十天，还能够生长吗？我和王相见的机会太少了，当我退了下来，那些周遭的小人又涌了上去。如此，他纵有向善之心，我又能够怎么办呢？

“譬如下棋这种小玩意儿，如果不专心致志，便不能获胜。举例来说，奕秋是全国的下棋圣手，假如他同时教授两个人，其中有一个专心致志，只听老师的教导；另一个呢，虽然也听着，心里却又想着，秋天到了，该是带弓箭去射野雁的季节了。这样，纵使和那人一道学习，他的成绩一定不如人家。是因为他的聪明才智不如人家吗？当然不是。”

齐宣王并不是昏庸的君主，可是孟子认为他的心志不坚，容易受到周遭小人的影响，因而无法实行仁政。孟子显然是拿奕秋来比喻自己，而宣王就是那位老想射野雁的学生，如此怎么学得成呢?

不久，孟子准备去朝见齐宣王，恰巧宣王也派人前来，说道：

“我本来要来看您，但是感冒了，不能吹风。如果您肯来朝，我就临朝见您，不晓得能否看到您？”

孟子答道：

“不幸得很，我也生病了，不能上朝。”

第二天，孟子要到东郭大夫家里去吊丧。公孙丑说：

“昨天托辞有病谢绝王的召见，今天又去吊丧，这样不太好吧？”

孟子说：

“昨天生病，今天好了，为什么不去吊丧呢？”

孟子出门以后，正好齐宣王派人来问病，并且也派医生同行。

孟仲子出来应付说：

“昨天陛下有命令来，他生了小病，无法上朝。今天刚好了一些，已经上朝去了，但是我不晓得他能否到达。”

接着，孟仲子派了好几个人分别在孟子归途上拦截，告诉孟子说道：

“您无论如何不要回家，一定要赶快上朝去！”

孟子没办法，只得躲到景丑的家里歇宿。

景丑说：

“人与人之间最重要的关系，在家是父子，在外是君臣。父子之间以慈爱为主，君臣之间以恭敬为主。我只看见陛下对您很尊敬，却没看见您对陛下是怎么恭敬的。”

孟子说：

“哎！这是什么话！在齐国人中，没有一个拿仁义之言向王进说的，他们难道以为仁义不好吗？不是的。他们的心里是这样想的：‘这个君王哪能够和他谈仁义呢？’他们对王就是这样的。这才是最大的不恭敬呢！我呢，不是尧舜之道不敢拿来向王陈述，所以在齐国人中没有一个赶得上我这样对王恭敬的。”

景丑说：

“不，我所说的不是指这个。《礼经》上说过，父亲召唤，‘唯’一声就起身，不说‘诺’；君主召唤，不等待车马驾好就先走。您呢，本来准备朝见王，一听到王的召见，反而不去了，似乎和《礼经》所说的不相合吧！”

孟子说：

“原来你说的是这个呀！曾子说过：‘晋国和楚国的财富，是我们赶不上的。但是，他有他的财富，我有我的仁；他有他的爵位，我有我的义，我为什么觉得比他少了什么呢？’这些话如果没有道理，曾子难道肯说吗？大概是有点道理的。天下公认为尊贵的东西有三样：爵位、年纪、道德。在朝廷上，先论爵位；在乡里，先论年纪；至于辅助君主统治百姓自然以道德为最上。他哪能凭着爵位来轻视我的年龄和道德呢？所以大有作为的君主一定有他年高德劭的臣子，若有什么事要商量，就亲自到他那里去。尊尚道德和乐行仁政，如果不这样，便不足和他有所作为。因此，商汤对于伊尹，先向伊尹学习，然后以他为臣，于是乎不大费力气就统一了天下；桓公对于管仲，也是先向他学习，然后以他为臣，于是乎不大费力气就称霸于诸侯。现在，各个大国的土地是一般大小，行为作风也不相上下，彼此之间谁也不能凌驾在谁之上，没有别的缘故，正是因为他们只喜欢以听从他的话的人为臣，却不喜欢以能够教导他的人为臣。商汤对于伊尹，桓公对于管仲，就不敢召唤。管仲还不可召唤，更何况连管仲都不愿去做的人呢？”

从这段话里，我们可以明白孟子的态度，并非矫情矜持，而是有其原则上的坚执——“彼以其富，我以吾仁；彼以其爵，我以吾义，吾何慊（qiàn）乎哉？”面对现实上的政治势力，孟子以其浩然之气的大勇，始终认为道德原则高过于现实政治，现实政治应该接受道德原则的指导。这便是儒家所谓“道统”应该高于“政统”的道理。

孟子觉得在齐国已经不可为了，于是便向宣王提出辞呈，准备回家。宣王知道了以后，便亲自到孟子的寓所去见孟子，说道：

“过去希望看到您而不能，后来终于有幸能够在一起，我因而感到很高兴；现在您又将离我远去，不知我们以后还可以相见吗？”

孟子答道：

“这原是我的希望，只是不敢勉强罢了。”

过了一段时间，齐王对时子说：

“我想在临淄城中给孟子一幢房屋，用万钟之粟来养活他的门徒，使我国的官吏和人民都有所效法。你何不替我向孟子谈谈！”

时子便托陈子把这话转告孟子，陈子也就把时子的话告诉了孟子。

孟子说：

“嗯，那时子怎么晓得事情做不得呢？假若我是贪图富贵财富，辞去十万钟的俸禄却来接受这一万钟的赐予，这难道是贪图财富吗？”

孟子坚定地拒绝了宣王的建议，决心要离开齐国。

公元前 312 年，孟子六十一岁左右，终于离开了齐国的都城临淄，向西南方向行走，准备返回故乡。行走了一天，到了昼县这个地方，停下来过夜休息。

那时，有位先生想替齐王挽留孟子，就去拜访孟子，恭恭敬敬地坐着对孟子说话，孟子却不理会，伏在靠几上睡着了。

那人很不高兴，说道：

“我在准备会见您的前一天便整洁身心，今天同您说话，您却睡着觉，也不听我的，以后再也不敢同您相见了。”

说着，便起身要走。

这时候，孟子才起身说道：

“坐下来！我明白地告诉你。过去，鲁缪公怎样对待贤人呢？他如果没有人在子思身边，就不能使子思安心；如果泄柳、申详等贤者不在鲁缪公身边，也就不能使自己安心。你替我这个老头考虑，连子思怎样受鲁缪公对待都想不到，不去劝说齐王改变态度，却用空话留我，这样，是你跟我决绝呢，还是我跟你决绝呢？”

离开齐国，对孟子来说，是一次重大的决定。他原本对齐国抱着很大的希望，如今希望破灭了，内心却感到无可奈何的矛盾和痛苦。他在昼县歇了三夜，迟迟而行，是多么希望齐宣王能及时悔悟啊。但是，不可能了。孟子终于又踏上旅途，出了国境。

那时候，有一个齐国人尹士在别人之前批评孟子道：

“不晓得齐王不能够做商汤、周武王，那是孟子的糊涂；晓得他不行，然而还要来，那是孟子的贪求富贵。老远地跑来，不相融洽而走，在昼县歇了三夜才离开，为什么这样慢腾腾的呢？我对这种情况很不高兴。”

高子便把这话转告了孟子。

孟子说：

“尹士哪能了解我呢？老远地来和齐王相见，这是我的希望；不相融洽而走，难道也是我所希望的吗？只是不得已罢了。我在昼县歇宿了三夜再离开，在我心里还以为太快了，我这么想：王也许会改变态度的；王假如改变态度，那一定会把我召回。我离开昼县，王还没有追回我，我才无所留恋地想回到家乡。纵是这样，我难道肯抛弃齐王吗？齐王虽然不能成为商汤、周武王，也还可以好好地干一番；齐王假若用我，何止齐国的百姓得太平，天下的百姓都可以得到太平。王也许会改变态度的！我天天盼望着啊！我难道是这样小器的人吗？向王进劝谏之言，王不接受，便大发脾气，满脸不高兴；一旦离开，非得走到筋疲力竭不肯住脚吗？”

孟子毫不掩饰地表达了他的希望，也显出了他内心的矛盾和惆怅。追寻理想的旅途真是艰困啊！孟子不禁又叹息了一声。他的弟子充虞看到了老师的心情不开朗，便问道：

“您似乎是不太快乐的样子。从前，我听您说过：‘君子不怨天，不尤人。’今天，您又为什么如此呢？”

孟子说：

“我说那句话的时候，和现在的情况不同。从历史上看来，每隔五百年一定有位圣君兴起，而且还会有命世之才从中出现。从周武王以来，到现在已经七百多年了。论年数，超过了五百；论时势，现在正该是圣君贤臣出来的时候了。天若不想使天下太平便罢了，若想使天下太平，在今日的社会上，除开我，还有谁呢？我为什么不快乐呢？”

【思考时间】

1. 孟子最后说道:“如欲平治天下，当今之世，舍我其谁也？”这当然是孟子的自我期许。问题是，这只是聊以解嘲的空言大话呢？或是表现出孟子对历史时代的担当勇气和使命意识？

2. 你能体会到孟子将要离开齐国时的心情吗？圣贤人物是否也会感受到现实挫折时的矛盾、忧伤，甚或怨愤不平？我们总习惯仰望伟大的人物，将他们当作铜像看待，而忽略了他们也有喜怒哀乐的生命表现。

第六章
人性的辩论

恻隐之心，人皆有之；羞恶之心，人皆有之；恭敬之心，人皆有之；是非之心，人皆有之。恻隐之心，仁也；羞恶之心，义也；恭敬之心，礼也；是非之心，智也。仁义礼智，非由外铄我也，我固有之也，弗思耳矣。

——《孟子·告子上》

一、被遗忘的良知

当初孟子刚到齐国，见了齐宣王，宣王曾经问道：“像我这样的人，能够使百姓的生活安定吗？”孟子回答说：“可以。”他便举出宣王不忍心看到牛被拉去屠宰祭钟的事情，强调宣王具有不忍的仁心，而“不忍之心”正是王政的基础。在这里，已经可以看出孟子性善论的萌芽了。

在政治上，孟子希望执政者实行仁政；在个人上，孟子希望每个人都可以成就完美的圣贤人格。问题是，实行仁政和成就圣贤人格是可能的吗？若可能，又有什么根据呢？一问到“根据”，就触到了孟子思想的深处。孟子经过深刻的思考和体证之后，终于提出了性善说。

孟子说：

“每个人都有不忍人之心。先王有不忍人之心，因此才有不忍人之政。以不忍人之心，行不忍人之政，治理天下就很容易了。

“我所以说每个人都具有不忍人之心，道理在于，譬如现在有人突然看到一个小孩子要跌到井里去了，任何人当下就会涌起惊骇同情的心情。当时马上产生这种心情，并不是为了想和小孩的父母攀交情，不是为着要在乡里朋友中博取名誉，也不是怕人家指责他不敢见义勇为，而纯粹是自内心发出恻隐之情。

“从这里看来，如果一个人没有恻隐之心，简直不是人；没有羞恶之心，没有辞让之心，没有是非之心，都不是人。恻隐之心，是仁的开端；羞恶之心，是义的开端；辞让之心，是礼的开端；是非之心，是智的开端。人有这四种开端，就好像有手足四肢一样，是原本所具有的。有这四种开端却自认为做不到仁义礼智，这是自暴自弃；认为他的君主做不到，便是暴弃他的君主。

“所有具有这四种开端的人，如果晓得把它们扩而充之，便会像刚燃烧的火，终必旺盛起来；像刚流出的泉水，终必汇为江河。假若能够扩充，便足以安定天下；假若不扩充，让它消失，那么便连侍奉父母都办不到。”

孟子指出，仁政的基础在于人人具有的仁心。仁心是人人所本有的，只是一般人不去察觉发用而已。人虽具有仁心，但那只是一点点的萌芽，需要好好地爱护保持，然后再进而扩充培养，才能成为具有完美人格的人。

孟子首先强调，向善之心即是人人所原有的“良知”和“良能”。他说：

“人所不待学习便能做到的，这是‘良能’；所不待思考便能知道的，这是‘良知’。两三岁的小孩没有不爱他父母的，等到长大，没有不知道恭敬兄长的。亲爱父母是仁，恭敬兄长是义。只要人人具有仁义，便可安定天下。”

前面说的“恻隐之心”、“羞恶之心”、“辞让之心”、“是非之心”，都是人人所本有的“良知”、“良能”。接着，孟子强调“良知”是人之所以为人的特质。

孟子说：

“人之所以异于禽兽的地方只那么一点点，一般人连这么一点点差异的地方都舍弃，只有具有品德的君子保存了它。舜懂得事物的道理，了解人类的常情，因为他根据本性所具有的仁义而行，不是将仁义当作外在的道德规范。”

希腊哲学家亚里士多德便曾说过：“人是理性的动物。”说明人和动物的差别，乃在于人具有理性。孟子则指出，人和禽兽的差别，在于人具有道德良知。这差别只是那么一点点而已，因此为君子或为小人，就要看是否能把持这一点点的差别，并加以扩充培养。

孟子在另外的地方也说过同样的道理：

“舜住在深山的时候，和树林山石、山猪野鹿一起生活，跟深山中的野蛮人没什么不同；等到他听到一句善言，看到一件善行，马上触发了他的内在善性，便立志向善，这种力量好像江河决了口，声势汹涌，没人能阻挡得了。”

这是说，像舜这么伟大的人格，他本来和野蛮人是没什么差别的，差别的只是那潜藏在内的向善之心。等到他发现自己的向善之心，便勇往向前，毫不动摇，终于成就了圣贤人格。

孟子告诉我们，人人都具有天生的善良之性，只看我们是否愿意去发扬光大它。人生最重要的，莫过于形塑自己的人格，而人格有君子和小人之分，要成为君子呢？或成为小人呢？全在于平时是否常做反省的工夫，存养那偶尔浮现的恻隐之心、羞恶之心、辞让之心和是非之心。

人性本善，只是大家都遗忘了，如今孟子再度地提醒我们，应该回头识取自己本有的宝藏——良知！

【思考时间】

你是否思考过人性的问题？对人性的看法，是否会影响到你对人生、社会的态度？比如说，当你看到有人蛮横不讲理，或欺侮弱小，或抢夺诈骗等等，会不会因而认为人性太恶劣了？进而对整个人类和世界也都悲观起来了？这种想法，和孟子的性善说有没有冲突呢？或是，两种不同的讲法都可以同时存在？

二、人性本善吗？

在变迁剧烈的时代里，一切都动摇了；信仰动摇了，理想动摇了，价值动摇了，对人性的信念也动摇了。这个世界有希望吗？人类的前途有希望吗？归结到底，就要问到人性的本质。如果人性有向善的可能性，就能对人类和社会表示乐观；如果在人性里连向善的可能性都没有，那么一切的前途也就虚无渺茫了。

在孟子的时代里，开始对人性有了自觉的反省。人性是善呢？恶呢？还是可善可恶？抑是无所谓善恶？当时，有位思想家名叫告子，他便力倡“人性无善无不善”之说，和孟子的性善说相对抗。有一天，孟子的弟子公都子便和孟子谈起：

“我听告子说，人性无善无不善；也听其他人说，人性可以为善，可以为不善，得视后天的环境而定。所以像周文王、武王的圣君一出现，老百姓便趋于善良；而像周幽王、厉王这种暴君在位，百姓也就趋向横暴。又有人说，人性的善恶并不一定，有些人本性善良，有些人本性不善良；因此以尧这样的圣人为君，却有像这样不好的百姓；以瞽瞍（gǔ sǒu）这样坏的父亲，却有舜这样好的儿子；以纣这样恶劣的侄儿，而且为君王，却有微子启、王子比干这样好的仁人。如今老师说本性善良，那么，难道他们错了吗？”

孟子说：

“从天生的资质来看，可以使人为善，这便是我所谓的人性本善。至于有些人不善良，并不能归罪于他的本性。恻隐之心，每个人都有；羞恶之心，每个人都有；恭敬之心，每个人都有；是非之心，每个人都有。恻隐之心就是仁，羞恶之心就是义，恭敬之心就是礼，是非之心就是智。这仁义礼智，不是由外在环境给我的，是我本来就具有的，不过不去反省挖掘罢了。所以说，‘一经探求，便可以获得；一经放弃，便会丧失。’这就是指人性而言。人与人之间的差别，有的相差一倍、五倍，甚至无数倍的，这是不能充分发挥他们的本性的缘故。《诗经》上说：‘天生众民，每一样事物，都有它的法则。百姓把握了那些不变的法则，于是喜爱优良的品德。’孔子说：‘这篇诗的作者真懂得道啊！’天地万物都有其法则，百姓把握了这些不变的法则，所以喜爱优良的品德。”

对于性善说的质疑，往往是基于经验的观察，换句话说，从人的行为表现上，发现有善有恶，或是可善可恶，因而断定人性即是有善有恶，或是可以为善，也可以为恶。但是，孟子并不是从这一层面来讨论人性。他认为，人是有为善的可能性，这可能性虽然并不特别显明，却为是否能成就品格完美的根据。这向善的可能性，内在于每个人的生命里，十分珍贵。一般人常忽略了自己所拥有的宝藏，不去反省，也不去自觉。因此，孟子说：“仁义礼智，非由外铄我也，我固有之也，弗思耳。”孟子一再地强调，人是否为善，成就道德人格，乃决定于自己，因为每一个人都拥有成圣成贤的内在可能性。

人性既是本善，可是这世界上为什么有罪恶呢？有人会说，为善当然有为善的人性根据，然而，为恶是否也有为恶的人性根据呢？孟子也曾思考过这问题，他说：

“丰收年成，少年子弟多半懒惰；灾荒年成，少年子弟多半凶暴。这并不是天性如此不同，而是环境使他们迷失了本性。拿大麦作比喻吧，播了种，翻了土，如果地质一样，播种的时节也一样，便会蓬勃地生长，迟到夏至，都会成熟了。纵有所不同，那是由于土地的肥瘠、雨露的多少、人工的勤惰不同的缘故。所以，一切同类的事物，无不大体相同，为什么一讲到人类便怀疑了呢？圣人也是我们的同类。龙子曾经说过：‘不看清脚样去编草鞋，我准知道不会编成筐子。’草鞋的相近，是因为各人的脚大体相同。

“口对于味道，有相同的嗜好；美食家易牙比我们先掌握到人的口味嗜好。假使口对于味道人人不同，而且像狗马和我们人类本质上的不相同一样，那么，凭什么天下的人都追随着易牙的口味呢？一讲到口味，天下都期望做到易牙那样，这就说明了天下人的味觉大体相同。耳朵也如是。一讲到声音，天下都期望听到音乐家师旷所弹奏的音乐，这就说明了天下人的听觉大体相同。眼睛也如此。一讲到美男子子都，天下人没有不知道他的英俊。不认为子都是英俊的，那是没有眼光的人。

“所以说，口对于味道，有相同的嗜好；耳对于声音，有相同的听觉；眼睛对于容色，有相同的美感。谈到人心，就独独没有相同之处吗？人心相同之处是什么呢？是理，是义。圣人早早就得到了我们本心共同的理义。所以理义之使我心欢娱，正如鱼肉合乎我的口味一般。”

孟子指出，人所以为恶，那是环境“陷溺其心”的缘故。所以忽略了环境对人格成长的影响，而否定了人有向善的可能性，那是不合理的。

在冗长的议论中，孟子一再强调——“圣人，与我同类者。”这是表示对人性的乐观，表示人人都有成圣成贤的可能，而这正是人之为人最珍贵的地方。

俗语常说，“人同此心”，到底何处相同？孟子在这里告诉我们：“心之所同然者何也？谓理也，义也。”理义就是人心所本有的，只是“弗思耳”。

可是，当时另一派的思想家——告子却认为人的本性是不分善恶的，既可为善，也可为恶。有一次，他便和孟子辩论有关人性的问题。

告子说：

“人性好比是急流，从东方开了缺口便向东流，从西方开了缺口便向西流。人性不分善与不善，正如同流水不一定向东流或向西流。”

孟子反驳道：

“流水诚然没有东流或西流的定向，难道也没有向上或向下的定向吗？人性本善，正好像水向下流一般。人没有不善良的，就好像水没有不向下流的。当然，拍击水使它跳起来，可以高过额角；筑挡起来，便可以使它逆流于山上。试问，这难道是流水的本性吗？形势使它如此的。环境可使一个人做坏事，本性的改变正是这样。”

孟子的时代是大辩论的时代。思想家们为了把自己的那一套思想表达出来，并博得他人的赞成，因而非常注重辩论的技巧。从孟子和告子之间的辩论，便可以见到当时智者们的言辩风采。他们举出许多意象鲜明的譬喻，其目的不外是为了增强说服力而已。最重要的，还是藏在文学性譬喻背后的思想立场。

有一天，孟子和告子又碰在一起，自然又热烈地辩论起来。告子说：

“天生的资质就是人性。”

告子的意思是，人生下来便具有的本能就是人性。孟子当然不能同意，因此反问道：

“天生的本能叫作人性，好比一切东西的白色都叫作白吗？”

“是的。”告子答道。

“那么，白羽毛的白犹如白雪的白，白雪的白犹如白玉的白吗？”

“是的。”

孟子接着又问道：

“这么说来，狗性犹如牛性，牛性犹如人性吗？”

在这场辩论上，孟子显然稍微占了上风，但并没有真正说服告子。孟子运用辩论的技巧，以层层的套问，把告子逼进思考的死巷里，可是问题依旧没有获得真正解决。

在另一次机会里，两人又再度各逞舌锋，力抒己见。

告子说：

“人的本性好比是杞柳树，义理好比是杯盘；把人性纳于仁义，正好比用杞柳树制成杯盘。”

孟子说：

“您是顺着杞柳树的本性来制成杯盘呢？还是毁伤杞柳树的

本性来制成杯盘呢？如果要毁伤杞柳树的本性然后才制成杯盘，那也要毁伤人性然后才能成就仁义吗？率领天下之人来损害仁义的，一定是您的这种论调！”

告子认为人性只是素朴的材质，得通过后天的教育转化，才能完成道德人格，开展文化领域。孟子则认为人性已含有向善的种子，只要适加培养，自然就可以成就美善的人格。孟子将向善的可能性看得无比重要。如果把“性”字拆开来看，左边是“心”，右边是“生”；“心”是人类的理性与良知，而“生”是天生本有的材质，包括生理和心理的本能。孟子的“性善说”即就“心”立论，认为人人具有认知理性和道德良知；而告子的人性论则就“生”立说，认为人性就是天生的诸本能，无所谓善恶，然而可塑性很大，可因环境或教育而为善或为恶。

根据他的人性论，告子又提出了“仁内义外”说。孟子当然又不同意。在这之前，孟子早就说过了——“仁义礼智，非由外铄我也，我固有之也，弗思耳。”“心之所同然者何也？谓理也，义也。”告子则提出不同的看法：

“饮食男女，这是人性。除了这些自然的本能外，在行为上，‘仁’是内在的东西，不是外在的东西；‘义’是外在的东西，不是内在的东西。”

孟子说：

“什么是‘仁内义外’呢？”

告子说：

“举例来说，因为老者的年纪大，于是我便尊敬他，尊敬之心不是我所预有，好比外物是白的，我便认它为白色之物，这是由于外物之白而我加以认识的缘故，所以说是外在的东西。”

孟子说：

“白马的白和白人的白，或者无所不同，但是不知道对老马的怜悯心和对老者的恭敬心，是否也没有什么不同呢？而且，您说，所谓义，在于老者呢？还是在于尊敬老者的人呢？”

告子答道：

“是我的弟弟便爱他，是秦国人的弟弟便不爱他，这是因我自己的关系而高兴这样的，所以说仁是内在的东西。恭敬楚国的老者，也恭敬我自己的老者，这是起于外在的老者的缘故，所以说义是外在的东西。”

孟子说：

“喜欢吃秦国人的烧肉，和喜欢吃自己的烧肉并无所不同，各种事物也有如此的情形；那么，难道想吃烧肉的心也是外在的东西吗？”

告子认为亲人之间的感情是“仁”，像母鸡爱护小鸡一般，这种亲情是原始与自然的，因此，告子认为“仁”是内在的东西。而“义”则是社会上的伦理道德规范，用来建立和维持社会的伦理秩序，像敬老尊贤，因为对方是老者、贤者，我们才去尊敬他们；换句话说，我们的尊敬之心是由于对方是外在的老者、贤者而引起的，因此，告子认为“义”是外在的东西。

孟子则认为仁、义、礼、智，全内在于本性。试想，如果人不具有敬老尊贤的内在根据，那么面对老者长辈时，又怎么会去尊敬他们呢？即使是由于环境教育的缘故，那也只是教导我们识取本有的仁义之心而加以扩充发展而已。孟子在这里，明确地肯定了仁义内在的性善说。

【思考时间】

从本节的论辩中，你认为告子的人性论——生之谓性，食色性也——合理吗？告子说，人性就是天生的本能，在生理上要求食饱、衣暖、传宗接代，在心理上要求安全、生存，都是无所谓善恶的。这种论调是不是合于今天科学（如心理学）的讲法？

而孟子却不就本能来肯定性善，而就是否“应该”为善来肯定性善。虽然人不尽为善，但是如果人人都认为人“应该”为善，那么，就此向善之心而言，人便已经具有为善的可能根据。这就是性善。

一则讨论人的本能“是不是”善的，另则讨论人“应不应该”为善。这即是孟子和告子的辩论关键。你仔细思考之后，能否提出自己的看法？有什么理由支持你的看法？

三、寻回那迷失的本心

对于人性的看法，孟子是就“人之异于禽兽”的“几希”处来肯定人类向善的可能性。人类当然也具有生理欲望和心理感情，但这也是动物所拥有的，岂能谓之人性？只有道德行为、知性活动和其他属于文化层次的活动，才使人类成为万物之灵。据此孟子提出了“性”、“命”之分：

“口对于味道，眼对于色彩，耳对于声音，鼻对于气味，手足四肢喜欢舒服，这些生理感官的作用都是人性，但因为是天生如此，是被决定的——命，所以君子不认为是人性。仁在父子之间，义在君臣之间，礼在宾主之间，智慧对于贤者，圣人对于天道，并不是人人都会做到，所以说是‘命也’，但是由于人人都有做到的可能性，因此君子不认为是‘命’。”

这一段话的意思，在于“实然”与“应然”的分别。生理感官的作用是天生如此，称为“实然”，或“命”，因而并不能在这上面肯定价值；仁义礼智则非现成就有的，而是人类从理性与良知所发展扩充出来的，也是人类认为“应该”肯定的价值，因此称为“应然”，孟子即从这里来规定“性”的含义。

可以说，告子的人性论是常识性的，而孟子的人性论则较远于常识，也因此较难了解其真义。由于孟子一直强调人类向善的可能，那么，我们可以提出另一个重要的质疑：“恶”是怎样产生的？孟子即曾经举“牛山之木”来说明：

“国都临淄南方的那座牛山，曾经林木茂盛，苍苍郁郁。然而因为靠近都城的缘故，常用斧头去砍伐，试想，这还能够茂盛吗？当然，日夜不断地生长，加上雨水露珠的润泽，并不是没有长出新条嫩芽，但接着放羊牧牛的又糟蹋了一番，所以变成那样光秃秃了。大家看见那光秃秃的样子，便以为这座山不曾长过大树木，难道是这座山的本性吗？同理，在某些人身上，难道没有仁义之心吗？他之所以丧失他的善良之心，也正像斧子对于树木一般，天天去砍伐它，还能够茂盛吗？他在夜里发出来的善心，在天刚亮时所升起的清明之气，这些在他心里所激发出来的好恶跟一般人也有一点点相近。可是一到了白天，所作所为又把清明之气消灭了。这样反复地斫丧，那么，他夜来良知所发出的善心自然不能存在；夜来良知所发出的善心不能存在，便和禽兽相距不远了。别人看到他是禽兽，因之以为他不曾有过善良的本性，这难道也是他的本性吗？所以，假若得到滋养，则没有不生长的东西；失掉滋养，则没有不消亡的。孔子说过：‘抓住它，就存在；放掉它，就亡失；出出进进没有一定时候，也不知它何去何从。’这是指人心而言啊！”

山林原应是苍翠茂盛，生机盎然，但是我们为什么还会看到光秃秃的山头？孟子指出，这是由于人为因素所造成的环境破坏与污染，导致生态失常。同理，人性本善，而社会上之所以仍有许多犯罪案件，并非有人天生是坏人，而是这些人的环境引导他变坏，这些人不曾接受正常的教育，不懂得培养自己原有的向善之心，才会陷入罪恶的渊薮。孟子说，绝不是有人天生没有良心，而是他们“放失”了良心而已。所以孟子告诉我们，如果良心已经放失了，就要赶快找回来！

在其他地方，孟子亦一再警告人们，不要忘了“求其放心”（把放失的良心找回来）！孟子说：

“仁，是人的心；义，是人的路。放弃了那条正路而不走，丧失了那良心而不晓得去找，可悲得很啊！当一个人的鸡狗走丢了，便晓得去寻找；可是当他的良心丧失了，却不晓得去找回来。学问之道没有别的，就是把那丧失的良心找回来罢了！”

孟子很沉痛地指出，时代的危机根本不只在经济或政治上，重要的是人的心灵出了毛病。大家把本有的良心弄丢了都不晓得，成为“没有良心的人”，那还不可悲吗？孟子慨叹人们会照顾自己的生活和身体，却忘了最重要的心灵宝藏。他说：

“现在有个人，他的无名指弯曲而不能伸直，虽然不痛苦，也不妨碍工作，如果有人能够使它伸直，那么就是走远路到秦国或楚国去求医，他都不嫌远，只为了无名指不及别人。无名指不及别人，就知道厌恶；心性不及别人，却不知道厌恶，这真是不懂得轻重啊！”

又说：

“一两把粗的桐树梓树，假若要使它长大，都晓得如何去培养。至于本人，却不晓得如何去培养，难道爱自己还不及爱桐树梓树吗？只是不去反省罢了！”

人总是懂得爱惜自己，问题是爱惜什么呢？爱惜名利？生理感官的享受？或是还有更值得爱惜的东西？

有一天，公都子便问道：

“同样是人，有些人是君子，有些人是小人，什么缘故？”

孟子说：

“以大体——良知——为主宰的，就是君子；以小体——躯体欲望——为主宰的，就是小人。”

公都子又进一步问道：

“同样是人，为什么有人以良知为主宰，有人以躯体欲望为主宰？”

孟子说：

“耳朵眼睛这类的感官不能自作主宰，常为外物环境所蒙蔽。外物纷纭，互相牵连，便一往向下而陷溺堕落了。良知的作用就是反省思考，人要是反省思考，便能让良知主宰，要是不反省便不能。良知是上天给我们的。因此，只要先挺立起良知（大体），那么，感官欲望（小体）便不会因过度放纵而夺去良知了。这样便可以成为君子。”

在这次对话中，孟子明白地表示，君子与小人之分，唯在于以良知为主宰或以欲望为主宰。而为什么有人会受到欲望的奴役而不可自拔呢？孟子于此便指出了罪恶的根源在于良知不显，放纵欲望，而欲望因受到外在环境的不断刺激而愈滋愈盛，终于泛滥成灾，不可收拾。酒色的沉迷，以及因之而起的犯罪事件，莫不如此。所以，孟子大声疾呼："先立乎其大者，则其小者不能夺也。"

关于这道理，孟子曾经再次详细地解说：

"人对于身体，哪一部分都爱护，都爱护便都保养。没有尺寸的肌肤不爱护，便没有尺寸的肌肤不保养。看他护养得好不好，难道有别的方法吗？只看他所注重的是身体的哪一部分罢了。身体有贵贱大小之分，不要以小害大，以贱害贵。养其小者为小人，养其大者为大人。假若有一位园艺家放弃梧桐梓树，却去栽培酸枣荆棘，那就是很坏的园艺家。如果有人只保养他的一个手指，却要丧失了肩头背脊，自己还不明白，那便是糊涂透顶的人了。只是讲究吃喝的人，人家都轻视他，因为他养小以失大。如果讲究吃喝的人不影响他的良知发用，那么，吃喝的目的难道仅仅是为了口腹之欲吗？"

首先，我们要肯定君子与小人之分。在人格层次上，君子是高过于小人的；我们的人生目标当然是成为智德兼修的君子，更终极地以成圣成贤自许。如何成为君子呢？孟子告诉我们，"体有贵贱，有大小。无以小害大，无以贱害贵。养其小者为小人，养其大者为大人。"而这里所谓的贵者大者，就是本性所固有的良心，就是仁义礼智，也是个人修养所要下功夫的地方。

孟子又说：

"君子同一般人不同的地方，就在于存心不同。君子以仁存心，以礼存心。仁者爱人，有礼者敬人。爱人者，别人也经常爱他；敬人者，别人也经常敬他。假如这里有个人，他对我蛮横无理，那君子一定会反躬自问，我必是不仁，必是无礼，不然，怎么会遭到这种态度呢？反躬自问以后，肯定自己不失为仁，不失有礼，那人的蛮横无理仍然不改，君子一定会反躬自问，我必是不忠。反躬自问以后，我实在是忠，那人还是蛮横无理，君子就会说：‘这个人不过是个狂人罢了，既是这样，那同禽兽有什么区别呢？对于禽兽又责备什么呢？’所以，君子有终身之忧，却没有一朝之患。所谓终身之忧是指：舜是人，我也是人，舜呢，为天下人所效法的圣贤典型，名声传扬于后代，我呢，仍然不免是一个普通人。这才是值得忧虑的事情。忧虑了又该怎么办呢？尽力向舜学习罢了。至于君子别的痛苦那就没有了。不是仁爱的事不做，不合于礼的事也不做。因此，即使有一朝之患，君子也不以为患了。”

这是积极的修养功夫。此外，在对治人的欲望时，孟子提出了“寡欲”的说法：

“修心养性的方法最好是减少欲望。若欲望减弱，那么善性纵使有所丧失，也不会太多；若欲望旺盛，那善性纵使有所保存，也是极少的了。”

值得注意的是，孟子只教我们“寡欲”，而不是“禁欲”。这之间的差别很大，不可混淆。

消极的修养功夫是寡欲养心，积极的修养功夫是以仁义礼智存心。最重要的是，要持之有恒地去实行。有一天，孟子便向高子谈到了这道理：

“山坡的小路只一点点宽，经常去走它便变成了一条路；只要有一段时间不去走它，又会被野生的茅草堵塞了。”

拿山坡路来比喻人心，真是恰当而鲜明。人要经常存心养性，不可间断；如果稍松懈，“则茅塞之矣”！

【思考时间】

1. 孟子指出，时代的危机在于良知的丧失，心灵的迷途，你认为我们的时代也有这种危机吗?

2. 孟子提出，“养心莫善于寡欲”，你对于“寡欲”有何看法？寡欲和禁欲、纵欲又有何分别？今天是“消费时代”，是不是鼓励欲望的满足？“能源危机”多少改变了一些消费观念，此时反省孟子的寡欲养心，是否特具意义?

第七章
三度上路

古之人，得志，泽加于民；不得志，修身见于世。穷则独善其身，达则兼善天下。

——《孟子·尽心上》

一、知识分子的新形象

公元前312年，孟子离开齐国，向西南行走，准备到宋国去。当初，宋国大夫戴盈之和万章有交情，因此通过万章的关系，宋国就邀请孟子前往。既然在齐国没有作为的希望，孟子想，宋国虽是小国，但仍可前往一试。

这一次，孟子离开临淄的排场相当气派，随行的车子有十几辆，徒从更有几百人之多，浩浩荡荡，声势显赫。这是当时的社会现象特征之一，即新兴而且流动性很大的游士集团，而孟子正是一个庞大游士集团的领袖。

当时，弟子彭更对于这种新兴知识分子的角色感到迷惑，因此问道：

“跟随的车子几十辆，随行几百人，由这一国吃到那一国，您这样做，不也太过分了吗？”

孟子答道：

“如果不合理，就算是一碗饭也不可以接受；如果合理，舜接受了尧的天下，都不以为过分——你以为过分了吗？”

彭更说：

“不是这样说，我以为知识分子不工作，吃白饭，是不可以的。”

孟子说：

“如果不互通各人的成果，交换各行业的产品，用多余的来弥补不够的，就会使农民有剩弃的米，别人得不着吃的；妇女有剩弃的布，别人得不着穿的；如果能互通有无，那么，木匠车工都能够从你那里得着吃的。假定这里有个人，在家孝顺父母，出外尊敬长辈，严守着古代圣王的礼法道义，用来培养后代的学者，却不能从你这里得着吃的，那么，你为什么尊贵木匠车工，却轻视仁义之士呢？”

彭更说：

“木匠车工，他们的动机本是谋饭吃；知识分子研究学术，推行王道，那动机也是为了弄到吃的吗？”

孟子说：

“你为什么要论动机呢？他们对你有功绩，可以给他吃的，便给吃的了。而且，你是论动机而给吃的呢，还是论功绩而给吃的呢？”

彭更说：

“论动机。”

孟子说：

“好！这里有个匠人，把屋瓦打碎，在新刷的墙壁上乱画，他的动机也是为着弄到吃的，你给他吃的吗？”

“不。”彭更说。

“那么，”孟子说，“你不是论动机，而是论功绩了。”

从这段对话中可以看出，彭更对于身为新兴知识阶层中的一分子，十分感到不安。在传统农业社会的观念里，认为只有劳动才能有饭吃，而这些新兴知识分子竟“传食于诸侯”，不劳而食，不是太过分吗？这是“自我角色的迷惑”，想必不只是彭更一个人的问题而已，而是在时代剧变下所必然产生的疑问。

孟子的答复指出，时代的变动使社会趋向成为分工合作的多元化体制，而知识分子即在于担负知识的创造和传递；更重要的，知识分子是“道”的担当者，所谓“守先王之道，以待后之学者”。儒家的传统素来重视知识分子的使命意识，孔子便曾说过：

“君子忧道不忧贫。”

曾子也说过：

“士不可以不弘毅，任重而道远。仁以为己任，不亦重乎？死而后已，不亦远乎？”

这都加强了知识分子的理想性。到了战国时代，由于社会阶层的流动，上层贵族的下降和下层庶民的上升十分剧烈，知识分子的数量于是随之大增，也因此导致知识阶层之性格的复杂化。最明显的，即是部分的知识分子与现实利益结合，尤其以纵横家的辩士为代表。针对知识分子的现实化，孟子一方面要安立知识分子在社会分工上的角色功能，另外还要强调其使命感和理想性。

知识分子对于社会当然有其贡献，不是一般人所误解的“寄生阶级”。弟子公孙丑便曾就此问题请教老师：

“《诗经》上说：‘不吃白饭呀！’可是，君子不种庄稼，也来吃饭，为什么呢？”

孟子说：

“君子居住在这个国家，执政者任用他，就会平安、富裕、尊贵而有名誉；少年子弟信从他，就会孝父母、敬兄长、忠心而信实。‘不白吃饭’，还有比这更好的吗？”

因此，知识分子寻求做官的出路，固然主要是实现理想，造福社会；可是，有时为了现实生活的压力而出去做官，也是不能苛责的。孟子即曾说：

“做官不是因为贫穷，但有时也因为贫穷。娶妻不是为着孝养父母，但有时候也为着孝养父母。因为贫穷而做官的，便该拒绝高官，居于卑位；拒绝厚禄，只受薄俸。辞尊居卑，辞富居贫，那该居于什么位置才合宜呢？像守门打更的小吏都行。孔子也曾经做过管理仓库的小吏，他说，‘收支的数字都对了。’也曾经做过管理牧场的小吏，他说，‘牛羊都壮实地长大了。’位置低下，而议论朝廷大事，这是罪行；在君主的朝廷上做官，而自己正义的主张不能实现，那才羞耻呢！”

这段话启示了我们，知识分子的原则是“在其位，谋其政”，并且不要怕从事基层工作。最重要的，孟子在后面仍不忘说，“立乎人之本朝，而道不行，耻也。”强调知识分子的尊严与使命感。

孟子又说：

“天下清明，君子得志，‘道’因之得到施行；天下混乱，君子守道，不惜为‘道’而死；没有听说过牺牲‘道’来迁就执政者的。”

知识分子是“道”的守护者、担当者，为了“道”的实现和传承，甚至于牺牲生命都在所不惜。这便导出孟子的“舍生取义说”：

“鱼是我所喜欢的，熊掌也是我所喜欢的；如果两者不能得兼，便牺牲鱼，而取熊掌。生命是我所喜欢的，义也是我喜欢的；如果两者不可得兼，便舍生而取义。

“生命自然是我喜欢的，但是还有比生命更为我所喜欢的，所以我不干苟且偷生的事；死亡自是我所厌恶的，但是还有比死亡更为我所厌恶的，所以有时遭到迫害我也不逃避。

“如果人们最喜欢的只是生命，那么一切可以求得生存的方法，便没有不用其极的；如果人们最厌恶的只是死亡，那么一切可以避免祸害的事情，便没有不去干的。

“然而，有些人由此而行，便得到生存，却不去做；由此而行，便可以避免祸害，却不去干。由此可知，有比生命更值得追求的东西，也有比死亡更令人讨厌的东西。这种想法不仅贤人有，人人也都有，不过贤人能够保持它罢了。

“一筐饭，一碗汤，得着便活下去，得不着便死亡，倘若大声呼喝着给他，就是过路的饿人都不会接受；脚踩过再给他，就是乞丐也不屑一顾；然而竟有人对万钟的俸禄却不问是否合乎礼义就贸然接受了。万钟的俸禄对我而言有什么了不得呢？为着住宅的华丽、妻妾的侍奉和使我所认识的贫苦人感激我吗？过去宁肯死亡而不接受，今天却为着住宅的华丽而干了；过去宁肯死亡而不接受的，今天却为着妻妾的侍奉而干了；过去宁肯死亡而不接受的，今天却为着使我所认识的贫苦人的感激而干了，这些不也都可以停止了么？这叫作‘失其本心’。”

知识分子固然要有其崇高的理想，更要有在逆境中坚持的勇气。孟子眼看很多知识分子因受不了现实的诱惑，一个一个屈服了，变节了，堕落了，因此大声疾呼，不可“失其本心”啊！

【思考时间】

成为一个知识分子要具备哪些条件呢？教育程度——大学毕业？硕士？博士？或是职业——教授？记者？律师？医生？抑是还要有某种精神？你认为孟子对知识分子的期望适宜今天的时代吗？现代知识分子遭到的现实诱惑是否更厉害？更重要的是，身为知识分子应该如何去平衡现实和理想的对立冲突？

二、忧患意识

以前在齐国的时候，有位名叫垫的王子曾经问道：

“士干什么事？”

孟子说：

“尚志。”

王子垫问道：

“何谓尚志？”

答道：

“居仁行义而已。杀一个无罪的人，不是仁；不是自己所有，却去掠夺，不是义。行事应该站在什么立场呢？仁便是最好的立场。行事应该遵循什么途径呢？义便是最好的途径。居仁行义，便可以算是大人了。”

王子垫是贵族，但是他却问“士何事？”可见当时的“士”已经转化为知识分子了。孟子因材施教，特别强调“居仁行义”，这便是知识分子的“志”——理想。

又有一次，孟子和宋勾践谈到知识分子的理想：

“你喜欢游说各国的君主吗？我告诉你游说时应有的态度。别人了解我，我也自得其乐；别人不了解我，我也自得其乐。”

宋勾践说：

“要怎样才能自得其乐呢？”

孟子答道：

“尊德乐义，就可以自得其乐了。所以，知识分子穷困时也不失义，得意时也不离道。穷不失义，所以知识分子还能自我肯定；达不离道，所以百姓不至于失望。古代的人，得意时，惠泽普施于百姓；不得意，修养个人的品德，独立于社会之上。不得意时便独善其身，得意时便兼善天下。”

孟子指出知识分子立身行事的最高原则——“得志，泽加于民；不得志，修身见于世。穷则独善其身，达则兼善天下。”这句话在过去影响了中国读书人有两千多年，将来也必是如此。

如何成为上述所言的知识分子典型？孟子虽然肯定人人皆可为尧舜的可能性，但是不论是尧舜，或是知识分子，到底是属于社会的精英阶层，需要经历考验的。在春秋以前，贵族有其传统的教养方式，即是以六艺——礼、乐、射、御、书、数为课程，达到文武兼修，文质彬彬的目标。这一点，后来儒家是继承了下来，但是孔孟都还强调“忧患”对于形塑圣贤人格的重要。孔子即说：“吾少也贱，故多能鄙事。”孟子也说：“舜举用于田野之中，傅说（yuè）举用于筑墙的劳役中，胶鬲举用于鱼盐的工作中，管仲举用于狱官的手中，孙叔敖举用于海边，百里奚举用于奴隶市场。所以上天若要把重大的使命交给某人，一定要先磨炼他的心志，劳动他的筋骨，使他尝尝饥饿的滋味，知道什么叫穷困，并且使他的所作所为总是不能如意顺遂。这样，就可以激励他的心志，坚忍他的性情，增强他的能力。

“一个人唯有常犯差失，然后才能改过；心志困顿，思虑不顺，而后才能奋发振作；察看人家的脸色，听人家的语气，而后才能开窍了悟。国家也是一样，如果国内没有守法度的世臣和辅佐的贤士，国外没有敌对的国家和外来的祸患，这个国家往往是会灭亡的。这样就可以知道一个道理：在忧患的环境中才能生存，在安逸的环境中便会走向毁灭。”

这是强调心志历练对于坚毅精神的重要性。唯有克服了魔鬼的试探，唯有经过了苦难的挑战，心智才能成长壮大，而这正是一个要担负重责大任者的必备条件。

孟子又说：

“有德行、智慧、道术、才智的人，往往是成长在忧患之中。独有那孤立的臣子，微贱的庶子，他们抱着危惧的心情，存着深切的忧虑，所以能通达事理。”

孟子一再强调忧患意识，说明作为一个担当重责大任的知识分子，除了要具备德行、知识等条件外，还要具有比一般人更坚忍的毅力，更深切的忧惧，才能带领民族渡过重重的考验与难关。

每在这个时候，孟子又不由自主地兴发了“舍我其谁”的豪气。他说：

“等待文王的教化，然后才奋发振作的，只是平凡的人而已；至于豪杰之士，纵使没有文王，照旧能奋发兴起啊！”

显然在战国那般纷扰的时代里，想期盼如文王一般的圣君已经是无望了，因此，孟子以“豪杰之士”自许，希望有所作为。孟子这时候已经六十余岁了，志气却依然如此激昂高扬！

【思考】

孔子说：“己立立人，己达达人。”孟子说：“穷则独善其身，达则兼善天下。”在古代社会里，知识分子唯有以“仕宦”一途来“兼善天下”；但是在今天多元化的现代化社会里，是否有其他的方式途径来“兼善天下”？

三、南游宋国

孟子带领着游士集团向西南行去，目的地是宋国。他们在路上虽然风尘仆仆，但是并不寂寞，因为有太多的问题可供他们沉思和议论了。

这一天，他们来到石丘这个地方，大家精神很好，并且议论着最近国际上的紧张情势——秦国和楚国之间可能爆发一场大规模的战争。

当时，齐国和秦国是分处在东、西方的超级强国，加上南方的楚国，可谓鼎足而三。在秦齐之间的强权均势下，楚国的外交动向就举足轻重了。当时，楚国的朝廷上分为亲齐的右派和亲秦的左派。屈原、陈轸（zhěn）是亲齐派，上官大夫靳（jìn）尚、令尹子兰，加上楚怀王宠姬郑袖则形成亲秦派。最初，亲齐派占优势，因此，楚国的外交走亲齐的路线。秦惠王为了破坏齐楚的亲近关系，就派张仪南见楚怀王，说：

“陛下若和齐国断交，秦国愿意把商于六百里地送给楚国。”

楚怀王听了大乐，就和齐国断交，然后兴冲冲地向秦国索取六百里地。结果秦国答应给六方里地，双方因此而起争执。楚怀王中计受骗，大怒，动员军队，准备攻秦。这时，眼看着一场大战即将爆发，情势已经十分紧张。

就在此时，孟子遇到一位著名的和平主义者——宋牼(kēng)。宋牼也是名闻天下的思想家，主张“少私寡欲，见侮不辱，以救民之互斗；禁攻寝兵，以救当时之攻战；破除主观成见，以识万物之真相”，可以说是融合道家和墨家思想的学者。他正准备到楚国去，试图消弭这场战争。这一天，他正巧也在石丘歇脚，因此和孟子见了面，两人就谈论起来。

孟子问道：

“先生准备到哪里去呢？”

宋牼答道：

“我听说秦楚交兵，我打算去谒见楚王，向他进言，劝他罢兵。如果楚王不听，我又打算去谒见秦王，向他进言，劝他罢兵。在两国君王中，总会有一个听我的。”

孟子说：

“我不想问得太详细，只想知道你的大意，请问你将怎样去进言呢？”

宋牼答道：

“我打算说，交兵是不利的。”

孟子说：

“先生的理想确实很崇高，可是先生的说法却不行。先生用利害关系向秦王、楚王进言，秦王、楚王因为有利可图而罢兵，这就将使军队的官兵乐于罢兵而好利。做臣属的怀抱着好利的观念来服事君主，做儿子的怀抱着好利的观念来服事父亲，做弟弟的怀抱着好利的观念来服事哥哥，这就会使君臣之间、父子之间、兄弟之间都完全去掉仁义，怀抱着好利的观念来互相对待，如此而国家不灭亡的，是没有的事情。

“若是先生用仁义来向秦王、楚王进言，秦王、楚王因悦仁义而罢兵，这就会使军队的官兵乐于罢兵，而且喜悦仁义。做臣属的怀抱着仁义来服事君主，做儿子的怀抱着仁义来服事父亲，做弟弟的也怀抱着仁义来服事哥哥，这就会使君臣之间、父子之间、兄弟之间都去掉好利的观念，怀抱着仁义来互相对待，如此而国家不以德政统一天下的，也是没有的事。何必谈利呢？”

显然地，孟子的立论和初见梁惠王时的论调完全一样——“何必曰利，亦有仁义而已矣！”

孟子始终坚持着道德理想主义的最高原则。

孟子和宋牼的思想立场是不一样的。虽然两人都主张和平，反对战争，但是宋牼愿意顺着现实来达成理想，而这正是孟子所不肯委曲的地方。

两人谈过话后，就各自分手上路。

孟子终于来到了宋国。宋国是小国，宋王名偃，是发动政变从他哥哥手上夺取王位的。《史记·宋世家》这样记载他：“东败齐，取五城；南败楚，取地三百里；西败魏军，与齐魏为敌国。淫于酒妇人，群臣谏者辄射之。于是诸侯皆曰宋桀。”据此，宋王的为人如何，也就可以明白大半了。当时，大概是臣子戴不胜有心图治，希望招请贤士来辅佐君上。这也是孟子一行人所以会到宋国的因缘。

在这种情况下，弟子万章问道：

“宋是个小国家，如今想实行仁政，齐楚两大国却因而不快，想要出兵攻宋，怎么办？”

孟子道：

“汤居住在亳地，同葛国为邻，葛伯放肆得很，不守礼法，不祭祀鬼神。汤派人去问：‘为什么不祭祀？’葛伯答道：‘没有牛羊做祭品。’汤便给他牛羊。葛伯把牛羊吃了，却不用来祭祀。汤又派人去问：‘为什么不祭祀？’答道：‘没有谷米做祭物。’汤便派亳地百姓去替他们耕种，老弱的人给耕田的人送饭。葛伯却带领着他的百姓拦劫那些送饭者，抢夺酒菜好饭，不肯交出来的便杀掉。有一个小孩去送饭和肉，葛伯竟把他杀掉了，抢去了饭和肉，《书经》上说：‘葛伯仇视送饭者’，正是这个意思。汤就为着这一小孩的被杀来讨伐葛伯，天下的人都说：‘汤不是贪图天下的财富，是为老百姓报仇。’汤的作战，便从葛国开始，出征十一次，没有能抗拒他的。向东方出征，西方的人便不高兴；向南方出征，北方的人便不高兴，说道：‘为什么不先到我们这里？’老百姓盼望他，正好像干旱时盼望雨水一样。

“作战的时候，做买卖的不曾停止过，耕田的不曾躲避过，杀掉那暴虐的君主，安慰那可怜的百姓，这也和及时的雨水落下来一样，老百姓非常高兴。《书经》也说过：‘等待我的王！王来了我们便不再受罪了！’又说：‘攸国不服，周王便东行讨伐，来安定那些男男女女，他们也把黑色和黄色的绸布捆好而放在筐子里，请求介绍和周王相见，得到光荣，做大周国的臣民。’这说明了周朝初年东征攸国的情况，官员们把那黑色和黄色的束帛装满筐子来迎接官员，老百姓便用竹筐盛饭，用壶盛酒浆来迎接士兵，可见得周王的出师只是把老百姓从水火之中拯救出来，而杀掉那残暴的君主罢了。

“《泰誓》上说：‘我们的威武要发扬，攻到于国的疆土上，杀掉那残暴的君主，还有一些该死的都杀光，这样的功绩比汤还辉煌。’不实行王政便罢了；如果实行王政，天下的人都抬起头盼望着，要拥护他来做君王；齐国楚国纵然强大，又怕什么呢？”

这是孟子王道论的老调，也是他政治哲学的最高原则，永不改变。但是孟子也有具体政策上的见解，最主要的便是经济上的税制。当时，列国之间连年征战，国防支出甚为庞大，而这些负担都出自于老百姓的税捐上。苛税，正是当时民不聊生的一大原因。

孟子论到当时名目繁多的赋税时，说道：

“有征收布帛的赋税，有征收谷米的赋税，还有征用人力的赋税。君主若用其三者之一，其他两种便应该暂缓不征。如果同时征用两种赋税，百姓便会有饿死的；如果同时征用三种，那么便会导致父离子散。”

孟子主张减轻赋税，而且恢复尧舜时十抽一（百分之十）的税率。当时的列国，包括宋国在内，都实行重税。因此，孟子到了宋国之后，便和宋国大夫戴盈之谈到税率改革的问题。戴盈之认为要降低到百分之十的税率，需要采取渐进的改革方式，无法马上改制。他说：

“采取十分抽一的税率，免除关卡和商品的赋税，今年还办不到，预备先减轻一些，等到明年，然后完全实行，如何？”

孟子也许看出了当局并不想实行他的减税政策，只是想以缓兵之计来敷衍他，因此很不高兴地回答道：

“现在有一个人每天偷邻人一只鸡，有人告诉他说：‘这不是君子所做的行为。’他便说：‘这样好了，先改为每个月偷一只，等到明年，然后完全不偷。’如果晓得这种行为不合道理，便赶快停止算了，为什么要等到明年呢？”

这一番话虽然义正辞严，但是尖锐了些，戴盈之听了当然不太舒服。孟子心里也明白，宋国当局只想富国强兵而已，并非有什么诚意实行仁政。因此，住了一段时间以后，有一天他和宋大夫戴不胜谈起来：

“你希望你的君王学好吗？我明白告诉你。这里有位楚大夫，希望他的儿子会说齐国话，那么，找齐国人来教呢？还是找楚国人来教呢？”

“当然找齐国人来教。”

孟子便说：

“一个齐国人教他，却有许多楚国人在旁边喧哗打扰，纵使每天鞭打他，逼他说齐国话，那是做不到的。假若带他在齐国都城临淄的闹市住上几年，纵使每天鞭打他说楚国话，也是做不到的。你说薛居州是个好人，要他住在王宫里。如果在王宫中的每个人，都是像薛居州一样的好人，那么君王和谁干出坏事来呢？如果在王宫中，不论长幼尊卑，都不是好人，那么王上又和谁干出好事来呢？只有一个薛居州又能怎样影响宋王呢？”

【思考时间】

国际上列强间的国力竞赛是冷酷的，图存的铁则是“物竞天择，优胜劣败，适者生存”。孟子在和宋牼的对话中，依然强调“义利之辨”，是否能解决当时的时代难题？倘在现实上不能解决难题，孟子的仁义说、王道论是否还有其价值？若有，又该如何肯定其价值？

四、倦游归乡

现实与理想的差距，莫过于政治。孟子到宋国时，已经周游了七年，眼看宋国亦不可为，翌年，即公元前 311 年，便离开了宋国，踏上返乡的归途。

疲倦了，打从心底升起了疲倦的感觉。“六十二岁啊！老了，老了——”孟子叹息着。这些年来，西至于魏，东至于齐，南至于宋，行路何止千里，世事变幻，见闻也太多了，虽然始终坚持着道德理想主义的原则，未曾动摇，但是迎面扑来的现实冷酷，又何尝不令人颓然而退？孟子多么希望将理想落实下来，尤其是先从政治问题着手，岂知权力的滋味永远高过于良知的呼唤，而斗争倾轧永远是政治舞台上不落幕的戏。孟子虽不愿服输，然而，此时只想回到老家息居一段时间。

在返邹的途中，经过薛地，因薛君田婴的力邀，孟子又在薛地耽搁了一些时间。离开时，薛君馈送五十镒金，孟子接受了。

这次返回故乡，孟子已经是名扬天下的大思想家，领导着大规模的游士集团，因此，甫踏进国门，便举国轰传。正巧，当时邹国和鲁国发生边界纠纷，邹国比鲁国小，因此吃了亏。邹穆公便向孟子请教这件事情：

“这次冲突，我的官吏牺牲了三十三个，老百姓没有一个为他们死难的。杀了他们吧，杀不了那么多；不杀吧，他们眼看长官被杀却无动于衷，实在可恨。您说，怎么办才好呢？”

孟子答道：

“当灾荒年岁，您的百姓，年老体弱的弃尸于山沟荒野之中，年轻力壮的便四处逃荒，处在这种情形的人几近千人之多；而在您的谷仓中却堆满了粮食，库房里装满了财宝。这种情形，您的有关官吏谁也不来报告，这就是在上位的人不关心老百姓，还残害他们。曾子曾经说过：‘提高警惕，提高警惕！你怎样去对待人家，人家将怎样回报你。’现在，您的百姓得到报复的机会了。

您不要责备他们！您如果实行仁政，您的百姓自然就会爱护他的上司，情愿为他们的长官牺牲了。”

这真是一番足以令当政者深思反省的话，孟子站在人道的立场，自然会产生慑人的力量。其实，这是普通平凡的道理，只是当政者不肯自反自省而已。当人沉醉在权力的滋味中时，真容易遮蔽那原本真纯的心灵啊！

孟子闲居在家里，还是有许多慕名前来请教学问的人。曹交就是其中之一。

有一天，曹交问道：

“人皆可以为尧舜，是吗？”

孟子说：

“是的。”

曹交问：

“我听说文王身高一丈，汤身高九尺，如今我有九尺四寸多高，只会吃饭罢了，要怎样才成呢？”

孟子说：

“这有什么关系呢？只要去做就行了。要是有人自以为连一只小鸡都提不起来，便真是毫无力气的人；如果说能够举重三千斤，便是很有力量的人了。那么，假若举得起大力士乌获所能举的重量，也可以说是乌获了。这样的人难道以不能胜任为忧吗？只是不肯去做罢了。慢点儿走，走在长者之后，这叫悌；走得很快，抢在长者之前，这叫不悌。慢点儿走，难道是人所不能的吗？只是不肯那样做罢了。尧舜之道，也不过就是孝和悌而已。你穿尧的衣服，说尧的话，为尧之所为，便是尧了。你穿桀的衣服，说桀的话，为桀之所为，便是桀了。”

曹交说：

“我准备去谒见邹君，向他借个住宿的地方，情愿留在您门下学习。”

孟子说：

“道就像大路一样，难道不容易了解吗？只怕人不去寻求罢了。你回去自己寻求吧！老师多得很呢。”

曹交的问题，其实就是大多数人的问题：“人皆可以为尧舜吗？”孟子在这里提供了信念上的大肯定。接着，曹交又问到成圣成贤的“实践”问题，于此孟子告诉我们，这并非不可为或难为之事，而只在于是否肯去做和开始去做而已。“尧舜之道，孝弟而已矣。”一般人认为圣贤之道只是少数人的事业，这是一大误解。当然，孝悌也只是尧舜之道的起点。最后的对话，意义深切。只要识取本心，何处不可学道？

另有一次，离邹国不远的任国，有人问及孟子的学生屋庐子，说：

“礼和食哪样重要？”

屋庐子答道：

“礼重要。”

问道：

"情欲与礼哪样重要？"

答道：

"礼重要。"

对方又问道：

"如果循着礼节谋食，便会饿死；不依礼节，便可得食，那么一定要依于礼吗？如果按照亲迎礼，便得不到妻子；如果不行亲迎礼，便会得到妻子，那一定要行亲迎礼吗？"

屋庐子无法回答，因此第二天即特地前往邹国，请教孟子。

孟子说：

"这有什么难呢？如果不揣度基地的高低是否一致，那么若将一寸厚的木块放在高处，可以使它比尖角高楼还高。我们说，金子比羽毛重，难道是说三钱多重的金子比一大车的羽毛还重吗？拿吃的重要方面和礼的细节相比较，岂止于吃的重要？拿婚姻的大事和礼的细节相比较，岂止于娶妻重要？你这样去回答他吧：扭折哥哥的胳膊，抢夺他的食物，便得到吃的；不扭，便得不着吃的，那会去扭吗？爬过东邻的墙去搂抱女子，便得到妻室；不去搂抱，便得不到妻室，那会去搂抱吗？"

孟子虽然坚持礼法原则和义利之辨，然并非是固执而不通情理。这就是中庸之道。

又有一次，弟子陈臻问道：

"过去在齐国，齐王送您上等金一百镒，您不接受；后来在宋国，宋君送您七十镒，您接受了；在薛，薛君送您五十镒，您也接受了。如果过去的不接受是对的，那今天的接受便错了；如果今天的接受是对的，那过去的不接受便错了。二者之中，老师一定有一个错误。”

孟子回答说：

“都是对的。当在宋国的时候，我准备远行，对远行的人一定要送些盘费，因之他说：‘送上一点盘费吧！’我为什么不受？当在薛的时候，听说路上危险，需要戒备，因之他说：‘听说你需要戒备，送点钱给您买兵器吧！’我为什么不受？至于在齐国，就没有什么理由。没有什么理由却要送我一些钱，这等于用贿赂收买我。哪里有君子可以拿钱收买的呢？”

不久，在邹国南方不远的滕国国君定公去世了，太子（也就是后来的滕文公）对他的师傅然友说：

“过去在宋国，孟子和我谈了许多，我心里一直不曾忘记。今日不幸，猝遭大故，我想请你到孟子那里问问，然后再办丧事。”

然友便到邹国去问孟子。

滕太子显然对孟子是十分尊敬的。记得当初，太子有事要去楚国一趟，路经宋国，听说孟子在宋，便去拜见他。孟子向他讲解性善论，并称述尧舜的圣贤人格。

滕太子从楚国回来后，又去见孟子。

孟子说：

“太子怀疑我的话吗？天下的真理就这么一个。成覸（jiàn）

对齐景公说：‘他是个男子汉，我也是个男子汉，我为什么怕他呢？’颜渊说：‘舜是什么样的人，我也是什么样的人，有作为的人也会像他那样。’公明仪说：‘文王是我的老师，周公也是应该信赖的。’现在的滕国，假若把土地截长补短，拼成正方形，每边之长也将近五十里，还可以治理成一个好国家。《书经》上说过：‘如果药物不能使人吃得头晕脑转，病是不会痊愈的。”

太子听了这番勉励的话，深受影响。因此，在他回国遭到父丧之后，立即派然友去向孟子请教。

孟子说：

“好得很呀！父母的丧事，本应该尽情竭心的。曾子说过：‘当他们在世的时候，依礼奉侍；他们去世了，依礼埋葬，依礼祭祀，这可以说是尽孝了。’诸侯的礼节，我虽然不曾学习过，但也听说过。实行三年的丧礼，穿着粗布缉边的孝服，喝着稀粥，从天子一直到老百姓，夏、商、周三代都是这样的。”

然友回国复命，太子便决定行三年的丧礼。滕国的父老官吏都不同意，说道：

“我们的宗主国鲁国的历代君主没有实行过，我们历代的祖先也没有实行过，到你这一代便改变了祖先的做法，这是不应该的。而且礼书上说过，‘丧礼祭礼一律依从祖宗的规矩。’道理就在于我们是从这一传统继承下来的。”

太子便对然友说：

“过去我不曾搞过学问，只喜欢跑马舞剑。今日，我要实行三年之丧，父老官吏们都对我不满，恐怕这次的丧礼不能够使我尽情竭心，你再替我去问问孟子吧！”

然友又到邹国去问孟子。

孟子说：

“嗯！这是要发自内心，自己决定的。孔子说过，君主死了，太子把一切政务交给宰相，喝着粥，面色深墨，就临孝子之位便大哭，大小官吏没有人敢不悲哀，因为太子亲身带头的缘故。在上位的有什么爱好，在下面的人一定爱好得更厉害。君子之德譬如风，小人之德譬如草，风向哪边吹，草便向哪边倒。这件事情完全取决于太子。”

然友向太子回报。

太子说：

“对，这应当取决于我。”

于是太子居于丧庐中五月，不曾颁布过任何命令和禁令。百官及王室都很赞成，认为知礼。等到举行葬礼的时候，四方的人都来观礼，太子容色悲惨，哭泣得很哀痛，使吊丧的人都肃然起敬。

【思考时间】

任人与屋庐子的辩论：当伦理规范（礼）和基本的生存权（食与色）相冲突时，如何作取舍抉择？孟子是采取什么立场？你同意吗？

第八章
圣人之道的守护者

我亦欲正人心，息邪说，距詖行，放淫辞，以承三圣者。岂好辩哉？予不得已也！

——《孟子·滕文公下》

一、面临现实困境的乏力

滕定公死后，太子继立，是为滕文公。文公有意施行仁政，于是专程邀请孟子到滕国。孟子在家乡的这一段时间，宁静而悠闲，日唯与弟子们一起讨论学问与道理。现在，滕文公有意施行仁政，又对孟子这么尊敬，加上滕国的路程并不遥远，于是孟子又再度上路了。

到了滕国，孟子被安置在宽敞舒适的宾馆。滕文公亲自到宾馆来拜访孟子，请教为政之道。

孟子说：

“最要紧的是人民的生活。《诗经》上说：‘白天割取茅草，晚上绞成绳索，赶紧修缮房屋，按时播种五谷。’人民有一个基本情况：有固定产业收入的人才会有合理的道德观念和行为准则，没有固定产业收入的人便不会有合理的道德观念和行为准则。假若没有合理的道德观念和行为准则，就会胡作非为，违法乱纪，什么事情都干得出来。等到他们犯了罪，然后再加以处罚，这等于陷害。哪有仁人在位，却做出陷害老百姓的事情呢？所以贤君一定认真办事，节省用度，对待臣下有礼，尤其是征收赋税要有一定的制度。阳虎曾经说过：‘要发财致富便不能行仁，要行仁便

不能发财致富。’

“古代的税收制度大致如此：夏代每家五十亩地而行‘贡’法，商朝每家七十亩地而行‘助’法，周朝每家百亩而行‘彻’法。三种税制虽然不同，税率其实都是十分抽一。‘彻’是‘通’的意思，因为那是在不同情况的通盘计算下贯彻十分之一的税率。‘助’是借助的意思，因为要借助于人民的劳力来耕种公有土地。古代一位贤者龙子说过：‘田赋最好的是助法，最不好的是贡法。’贡法是比较若干年的收成得一个定数。不分丰收和灾荒，都按这一定数来征收。丰收年成，到处是谷物，多征收一点也不算苛暴，却并不多收；灾荒年成，每家的收获量甚至还不够第二年肥田的用费，也非收满那定数的赋税不可。

“一国的君主号称百姓的父母，却使百姓整年辛苦劳动，结果连养活爹娘都做不到，还得借高利贷来凑足纳税数字，终于使一家的老小抛尸露骨于山沟之中，那么作为百姓父母的意义又在哪儿呢？做大官的人都有一定的田租收入，子孙相传；这一办法，滕国早就实行了，为什么百姓都不能有一定的田地收入呢？《诗经》上说：‘雨水下到公田，然后再落到私田！’只有助法才有公田。从这里看，就是周朝也是实行助法的。

“人民的生活有着落了，便要兴办‘庠’(xiáng)、‘序’、‘学’、‘校’来教育他们。‘庠’是教养的意思，‘校’是教导的意思，‘序’是陈列的意思，陈列实物以便观摩。地方学校，夏代叫‘校’，商代叫‘序’，周代叫‘庠’；至于大学，三代都叫

‘学’。学校的教育目的在于阐明人伦的道理。在位者若都能实行人伦道理，百姓知所效法，自然会相亲相敬。如果有圣王兴起，一定会来效法，这样便可以做王者师了。

“《诗经》上又说：‘岐周虽然是一个古老的国家，国运却充满着新气象。’这是赞美文王的诗句。你努力实行吧，也使你的国家气象一新！”

孟子的长篇大论，仔细想想，其实只是孔子所云“富之教之”的落实与发挥。首先，人民的现实生活应该先求解决。孟子提出了三项方针：一、人民要有固定的产业收入，谋求最基本的生活保障。二、采取十分抽一的税率，减轻百姓的赋税负担。三、恢复井田制。其次，在生活稳定以后，孟子强调教育，尤其是伦理道德的教化。

关于“井田制度”，那原是周朝实行的土地政策，但到了战国时代，遭到各国君主与新兴贵族的破坏，而有土地兼并垄断的情形出现。结果，当然导致农村的凋敝。孟子针对这种现象，提出恢复井田制的构想。

有一天，滕文公特地派其臣子毕战来向孟子请教井田制度。

孟子说：

“滕君有意推行仁政，特别重用你，你一定要好好干！实行仁政，要从划分田界开始。田界划分得不正确，井田的大小就不平均，作为俸禄的田租收入也就不会公平合理；所以暴君及贪官污吏一定要打乱正确的田间限界，原因在此。田间限界正确了，分配田地给人民，制定官吏的俸禄，都可毫不费力地做出决定了。

“滕国的土地狭小，却也得有官吏和人民。没有官吏，便没有人治理人民；没有人民，也没有人提供政府的支出。我建议：郊野用九分抽一的助法，城市用十分抽一的贡法。公卿以下的官吏一定有供祭祀的圭田，每家五十亩；如果他家还有剩余的劳动力，便再给每一劳动力二十五亩。无论埋葬或者搬家，都不离开本乡本土。共一井田的各家，平日出入，互相友爱；防御盗贼，互相帮助；一有疾病，互相照顾，那么百姓之间便亲爱和睦了。办法是：每一方里的土地为一井田，每一井田有九百亩，当中一百亩是公有田，以外八百亩分给八家做私有田。这八家共同来耕种公有田。先把公有田耕种完毕，再来料理私人的事务，这就是区别官吏和人民的办法。这不过是大略的想法而已，至于详细的情形，就在于国君和你本人了。”

这是孟子的土地改革政策，表面上是倾向复古，实际上充满乌托邦色彩，是否具有可实行性，乃成问题。不过，这倒显示出，孟子真正关心人民的经济民生问题，不是只空喊道德理想而已。孟子所构想的井田制度，是乡村社区的整体规划，除了能挽救濒临崩溃的农村经济外，还可以达到社会安定——出入相友，守望相助，疾病相扶持——的目标。

孟子平素所提倡的治国理论固然合理，然而是否能应付当时现实的情势呢？是否能解决现实上的困局呢？

滕国是小国，夹在齐、楚、三晋之间，处境自是十分艰难。

最近，齐国在薛地增强军事设施，显示有意对南方扩充势力。滕文公因此而闷闷不乐，有一天和孟子谈到此事：

“齐国人准备加强薛地的军事设施，我十分担心，您说怎么办呢？”

孟子答道：

“从前周太王居于邠（bīn）地，狄人来侵犯。他便避开，搬到岐山下定居。这并非是太王自愿选择的，而是不得已啊！要是一个君主能实行仁政，即使他本人没有成功，他的后代子孙一定会有成为帝王的。有德君子创立功业，传之子孙，正是为着一代一代地能够承继下去。至于能不能成功呢，也得依靠天命。您怎样去对付齐人呢？只有努力实行仁政罢了。”

面对这种现实情况，孟子也只能慨叹着：“不得已啊！”这是“尽人事，而听天命”的无可奈何。

问题依旧没有解决。不久，滕文公问道：

“滕国是一个弱小的国家，处在齐国和楚国之间。服事齐国好呢？还是服事楚国呢？”

孟子说：

“这个问题不是我的能力所能解决的。若要讲，那就只有一个办法：把护城河挖深，把城墙筑坚固，同百姓一道来守它，若百姓肯牺牲生命而不离开，那就可为了。”

事实上，孟子并非不知道他那套仁政理论是无法立竿见影，应付当前的难题的，只是在“道”与“势”的天平上，他还是宁可坚持“道”而不愿屈于“势”之下。但是，现实之“势”是无法逃避的。因此，这便形成了历史上理想主义的弱点——面临现实困境的乏力。

【思考时间】

1. 孟子的井田论，大概的内容是：“方里而井，井九百亩，其中为公田，八家皆私百亩，同养公田；公事毕，然后敢治私事。”上文说到，这只是理想上的政策设计，至于能否实行，乃成大问题，原因何在？提示：从人口与土地面积分配的问题开始思考。

2. 是不是理想主义者在现实上都属于无能与挫败者？

二、予岂好辩哉！

当时，又有一个游士集团从楚国到滕国来。他们的领袖名叫许行，奉行神农氏的农家学说，标举“君民同耕”的思想。

许行谒见了滕文公，说：

“我这个由远方来的人听说您实行仁政，希望能得到一幢住所，做您的百姓。”

滕文公就拨给他房屋。

他有门徒几十个，都穿着粗麻织成的衣服，以打草鞋织席子为生活。

另有其他的学者听说滕文公实行仁政，也纷纷来到滕国。其中，陈良的门徒陈相和他的弟弟陈辛，两人背着农具，从宋国来到滕国谒见文公，说：

“听说您实行圣人之治，那么您也是圣人了。我们愿意做圣人的百姓。”

后来，陈相见了许行，两人聚谈甚欢。陈相非常佩服许行的学说，便完全放弃了以前的信仰，改向许行学习。

有一天，陈相去拜访孟子，转述许行的言论，说道：

“滕君确实是个贤明的君主，虽然如此，但是也还不懂得大道。在上位的贤人应该和人民一道耕种劳动；自己做饭，而且也要为百姓办事。如今滕国有储谷米的仓廪，存财物的府库，这是损害别人来奉养自己，又怎能叫作贤明呢？”

孟子说：

“许子一定自己种庄稼才吃饭吗？”

“对！”陈相答道。

“许子一定自己织布才穿衣吗？”

“不！许子只穿粗麻织成的衣服。”

“许子戴帽子吗？”

“戴。”陈相答道。

孟子又问：

“戴什么帽子？”

“白绸帽子。”

“自己织的吗？”

陈相答道：

“不，用谷米换来的。”

孟子问道：

“许子为什么不自己织呢？”

“因为怕妨害耕作。”

孟子问道：

“许子也用锅子做饭，用铁器耕田吗？”

陈相答道：

“对。”

“自己制造的吗？”

答道：

“不，用谷米换来的。”

孟子便说：

“农夫用谷米换取锅子和农具，不能说是损害了铁匠；同理，铁匠用锅子和农具来换取谷米，难道说是损害了农夫吗？而且许子为什么不亲自烧窑冶铁，做各种器械，什么东西都储备在家中随时取用？为什么许子要这样那样一件件地和各种工匠做买卖？为什么许子这样不怕麻烦？”

陈相答道：

“各种工匠的工作本来就不能和耕种同时进行的。”

孟子说：

“那么，难道治理国家就可以和耕种同时进行吗？可见社会必须分工合作。有在位者的职务，也有百姓的职务。只要是一个人，各种工匠的成品对他都是不可缺少的；如果每件东西都要亲自制造才用，这是率领天下人疲于奔命。所以我说，有的人劳动心智，有的人劳动体力；心智劳动者统治人，体力劳动者被人统治；被统治者养活别人，统治者靠人养活，这是任何地方的共同原则。”

孟子接着列举古代圣贤的历史，来说明君民并耕说得不合理。尧、舜、禹带领先民脱离蛮荒时代，克服天灾，“当是时也，禹八年在外，三过其门不入，虽欲耕，得乎？”下及后稷，教民耕种，栽培谷物，使人民安居乐业。又使契为司徒之官，掌管教育，教导百姓五伦——父子有亲、君臣有义、夫妇有别、长幼有序、朋友有信，使先民进入文明开化的阶段。因此，孟子总结说：“圣人之忧民如此，而暇耕乎？”

陈相说：

“如果听从许子的学说，那就会做到市场上的物价一致，不会有诈欺行为。纵令打发小孩子去市场，也没有人来欺骗他。布匹丝绸的长短一样，价钱一样；麻线丝绵的轻重一样，价钱便一样；谷米的多少一样，价钱也一样；鞋的大小一样，价钱也一样。”

孟子说：

“各种东西的品种质量本就不一致，这是自然的。它们的价格，有的相差一倍五倍，有的相差十倍百倍，有的相差千倍万倍；你若不分精粗优劣，使它们一致，只是扰乱天下罢了。好鞋和坏鞋一样价钱，制鞋的人难道肯干吗？听从许子的学说，则率领大家走向虚伪，哪能够治理国家呢？”

许行的学说强调君民并耕，在上位的统治阶层也要参加劳动，如此才会体恤民间疾苦，而不至于横征暴敛，置民于死地而不顾。他们这一游士集团，身体力行，吃苦耐劳，以身作则，可以说是充满了改革救世的精神。

孟子则以儒家的立场，强调建立和谐合理的人间秩序，分工而治，各有所司。所以说：“或劳心，或劳力；劳心者治人，劳力者治于人；治于人者食人，治人者食于人，天下之通义也。”因此，他反对许行的君民并耕说。

在经济政策方面，许行采取计划经济形态，统一价格；而孟子则赞成自由市场的经济体系。

当时，除了儒家外，尚有道家、法家、墨家等重要的思想派别。各家争鸣，互不相让。孟子对当时的各家思想，如告子、许行、杨朱、墨翟、子莫，均毫不留情地加以批评。

有一天，弟子问及杨朱、墨子、子莫的学说。孟子说道：

“杨朱主张为我，要他拔一根汗毛以利于天下，都不肯干。墨子主张兼爱，摩秃头顶，走破脚底，只要对天下有利，一切都干。子莫主张中道。主张中道便差不多了。但是主张中道而缺乏弹性，不知变通，那就是固执于一。为什么不可固执于一呢？因为有害于仁义之道，举一而废百啊！”

弟子公都子又问道：

“人家都说您好辩，请问，为什么呢？”

孟子说：

“我哪里好辩呢？我是不得已啊！人类社会的发展由来已久矣，一治一乱。当唐尧的时候，大水横流，到处泛滥，大地上成为蛇和龙的居处，人们无处安身；低地的人在树上搭巢，高地的人便打造相连的洞穴。《尚书》说：‘洪水警诫我们。’于是尧命令禹来治理。禹疏通河道，使水都流到大海里，把蛇和龙赶到草泽里，水顺着河道流动，长江、淮河、黄河、汉水便是这样形成的。危险既已消除，害人的鸟兽也没有了，人才能在平原居住。

“尧舜死了以后，圣人之道逐渐衰落，不时出现残暴的君主；他们破坏民居来做深池，使百姓无地安身；破坏农田来做园林，使百姓不得衣食。邪说暴行又随之兴起，园林、深池、草泽多了起来；禽兽也就来了。到商纣的时候，天下又大乱。周公辅助武王，把纣王杀了，又讨伐奄国，三年之后又把奄君杀掉了，并把飞廉赶到海边，也加以杀戮，被灭的国家一共五十个，把老虎、豹子、犀牛、大象赶到远方，天下的百姓非常高兴。《尚书》上记载：‘文王的谋略多么光明！武王的功烈多么伟大！帮助我们，启发我们，直到后代，使大家都正大完美！’

“世衰道微，邪说暴行又起来了，有臣子杀死君主的，也有儿子杀死父亲的。孔子深为忧虑，于是编述了《春秋》。历史的编纂，原是天子的职权，孔子越权而做了，所以他说：‘了解我的，就在《春秋》这部史书！责骂我的，也在这部史书吧！’

“自此以后，圣王不再出现，诸侯无所忌惮，知识分子大发议论，杨朱、墨翟的学说充满天下，于是天下的言论不属于杨朱派，便属于墨翟派。杨氏为我，这是没有君臣的观念；墨氏兼爱，则是没有父子的观念。无父无君，是禽兽的行径。公明仪说过：‘厨房里有肥肉，马厩里有壮马，但是老百姓脸上有饥色，野外躺着饿死的尸体，这是率兽食人啊！’

“杨朱、墨翟的学说不息止，孔子的思想不发扬，以至于邪说迷惑人民，阻塞了仁义的道路。仁义被阻塞，就导致率兽食人的局面，甚且人与人也将互相残杀。我因此深为忧惧，便出来捍卫古圣先贤的大道，抗拒杨墨的学说，驳斥错误的言论，使邪说不再流行泛滥。心里产生错误的思想，则有害于行为；不合正道的行为，则有害于政治。即使圣人再度兴起，也会同意我这番话的。

“从前大禹制伏了洪水，天下才得到太平；周公征服了夷狄，赶跑了猛兽，百姓才得到安宁；孔子编述了《春秋》，乱臣贼子才有所戒惧。《诗经》上说：‘攻击戎狄，痛惩荆舒，就没有人敢于抗拒我。’像杨朱、墨翟这样目无君上父母的人，正是周公所要惩罚的。我也要端正人心，消灭邪说，反对偏激的行为，驳斥荒唐的言论，来继承大禹、周公、孔子三位圣人的事业，难道我真是喜欢辩论吗？我是不得已啊！能够以言论来反对杨墨的，也就是圣人的门徒了。”

在现实政治上求取理想的实现，孟子已经逐渐觉悟到无望了，然而，孟子的内心却日益涌现出强烈的卫道之情。世衰道微，邪说诬民，这是孟子在危机意识和忧惧意识下所兴发的慨叹；面对着诸侯放恣，百家争鸣的局面，孟子怀想古圣先贤开创华夏文明的艰难，于是以圣人之徒自任，言距杨墨，以犀利的辩论来护卫道统的绵续！

【思考时间】

1. 孟子批评许行的君民并耕说，你觉得许行的学说是否有可取之处？孟子主张分工专业的社会机体论；但是，“劳心者治人，劳力者治于人；治于人者食人，治人者食于人”，是否果真为“天下之通义”？

2. 孟子激烈批评杨朱、墨翟的学说，认为百家争鸣，处士横议，会导致邪说诬民，率兽食人；你觉得真有这么严重吗？抑是应该具有开放的心灵，承认各家思想的价值，容忍各家思想都有表达宣扬的权利？

三、漂泊的尾声

孟子在滕国的这一段时光，虽然滕文公执礼甚恭，无奈现实上的困境接踵而来，孟子亦深感乏力，因此又回到了家乡。

乡居的日子一向是那么的恬静而适意。孟子心里头想，不要再出游了。然而，人生总有教人感到意外的时候。从鲁国来了消息：鲁君打算任用孟子的弟子乐正子治理国政。

消息传来，连孟子都喜形于色。

公孙丑在旁边问道：

“乐正子的能力很强吗？”

“不！”孟子说。

“足智多谋吗？”

“不！”

“见识广博吗？”

“也不！”

公孙丑不解地问道：

“那么老师您为什么听到消息后高兴得睡不着呢？”

孟子说道：

“他的为人好善！”

“好善就够了吗？”

“好善就能够治理天下了，更何况仅仅治理鲁国呢？假如喜欢听取善言，那么天下的人都会从千里之外赶来把善言告诉他；

假如不喜欢听取善言，那别人会模仿他的态度说：‘呵呵！我早已晓得了！’这呵呵的声音面色，就会拒人于千里之外。士人被拒于千里之外，那么阿谀谄媚的小人就会来了。和这种小人在一起，想治理好国家，可能吗？”

这时，旁边又有另一个名叫浩生不害的弟子问道：

“乐正子是怎样的人呢？”

孟子答道：

“是个善人，信人。”

浩生不害又问：

“何谓善？何谓信？”

孟子答道；

“人人都觉得他可爱而不可恶，就叫作‘善’；这些善，实际存在于他自身，便叫作‘信’；生命中充满了善，就叫作‘美’；不但充实且又光辉地表现出来，便叫作‘大’；既光辉地表现出来，又能化育万物，便叫作‘圣’；圣德到了神妙不可测度的境界，便叫作‘神’。

“乐正子是介于前两境界——善与信——之间，而在后四境界——美、大、圣、神——之下。”

乐正子从政后，便派人邀请孟子到鲁国。孟子不推辞，也不像以前那样在意能否得到国君的重用。因此，在轻松的心情下，他又来到充满文化气息的鲁国都城。

“不治而议”，是战国时代知识分子的特色，尤其是拥有声名的知识分子领袖，如孟子，更有评议时政的权威和言论自由，甚至于连诸侯国君都得尊敬三分。

当孟子来到鲁国，正好鲁君打算派慎子为将军。孟子对这件事表示了看法：

“不先教导百姓，便征用他们打仗，这叫作‘殃民’。殃民的人，不容于尧舜的时代。这种人即使一战便打败了齐国，收复了南阳，尚且不可以——”

慎子听了，很不高兴地说：

“这是我所不了解的。”

孟子便说：

“我明白地告诉你吧。天子的土地纵横一千里；如果不到一千里，便不能统治诸侯。诸侯的土地纵横一百里；如果不到一百里，便不够来奉守历代相传的礼法制度。周公封于鲁，是应该纵横一百里的；土地并不是不够，但实际上少于一百里。太公封于齐，也应该是纵横一百里的；土地并不是不够，但实际上少于一百里。如今鲁国的土地是百里的五倍，你以为假如有圣主明王兴起，鲁国是在被削减之列呢？还是在被增加之列呢？不用兵力，白白地取自那国来给予这国，仁人尚且不干，何况杀人来求得土地呢？君子事奉君主，只是专心一意地引导他趋向正路，有志于仁罢了。”

这时，鲁平公听说孟子来到鲁国，准备前往拜访。正要外出，他所宠信的小臣臧仓请示道：

“平日您出外，一定会把要去的地方通知管事的人。现在车马已经都预备好了，管事的人还不知您要到哪里去，因此来请示。”

平公说：

“我要去拜访孟子。”

臧仓说：

“您不尊重自己的身份，而先去拜访一个普通人，为的什么呢？您以为孟子是贤德之人吗？贤者的行为应该合乎礼义，而孟子办他母亲的丧事，却大大超过他以前办父亲的丧事，如此未必是贤吧？您不必去看他了！”

平公说：

“好吧！”

后来，乐正子知道了这件事，就去见平公，问道：

“您为什么不去看孟子呢？”

平公说：

“有人告诉我，孟子办他母亲的丧事超过他以前办他父亲的丧事，所以不去看他了。”

乐正子说：

“您所说的超过，是什么意思呢？是办父亲的丧事用士礼，办母亲的丧事用大夫之礼吗？是办父亲的丧事用三个鼎摆设供品，办母亲的丧事用五个鼎摆设供品吗？”

平公说：

“不！我指的是棺椁（guǒ）衣衾的质料好坏。”

乐正子说：

“那便不能叫‘超过’，只是前后贫富不同罢了。”

乐正子去见孟子，说道：

“我同鲁君讲了，他本来打算来看您。可是有一个宠臣臧仓阻止了他，因此鲁君就不来了。”

孟子听了，倒很平静地说：

“一个人要干件事情，是有一种力量在支使他；就是不干，也是有一种力量在阻止他。干与不干，不是单凭人力所能做到的。我不能和鲁君相见，是由于天命，臧仓那人岂能使我不和鲁君见面呢？”

孟子想到孔子讲过的一句话：“道之将行也与，命也。道之将废也与，命也。”尽人事而听天命，应该坚持的理想与原则，虽千万人，吾往矣！但是能否成功，却还有许多主观所无法控制的条件，这就是孟子所谓的“天命”。

孟子周游至鲁，已年近七十矣！孔子说：“七十而从心所欲，不逾矩。”那是智慧圆熟的人生境界。孟子虽生性阳刚，元气淋漓，但是到了此时，也逐渐归向宁静。像臧仓对他的破坏，已经不足以扰乱他的心湖了。

【思考】

评议时政是中国知识分子的传统，除了战国时代的“不治而议”外，东汉的太学生，明末的东林党，皆是著名的例子。试问：这是好现象呢？抑是不好的现象？其次，在什么环境与条件下，才能自由评议？

第九章
归于平淡

君子有三乐，而王天下不与存焉。父母俱存，兄弟无故，一乐也；仰不愧于天，俯不怍于人，二乐也；得天下英才而教育之，三乐也。君子有三乐，而王天下者不与存焉。

——《孟子·尽心上》

一、薪火的传承

从鲁国回来后，孟子便绝意于仕途，专心讲学授业；平日与弟子们朝夕相处论道，倒也满惬意。回首这十余年来的游历经验，偶尔不免升起些微的惆怅。人生不就像历史的舞台吗？绚烂和激情总是短暂易逝的，待蓦然回首，却只留下清寂的心境。

黄昏时刻，孟子和几位弟子出来散步。面对着夕阳，孟子有感而发地说道：

“仁言不如仁声的影响深刻，善政不如善教获得民心。善政，百姓怕它；善教，百姓爱它。善政，得到百姓的财富；善教，得到百姓的认同。”

教育是心灵事业，唯有心灵获得了净化与安顿，人类才有真正的希望。

奔走了十余年之后，孟子感受到政治的虚幻和属于平淡的自得之乐。他告诉学生说：

“君子有三乐，而王天下并不包括在其中。父母健在，兄弟也都平安无事，是第一种乐趣；抬头无愧于天，低头无愧于地，是第二种乐趣；得以教育天下优秀的人才，是第三种乐趣。君子有此三乐，然而王天下之乐并不包括在其中。”

孟子在教育英才时，提出了五种教育方式：

“君子教育的方式有五种：有像及时的雨水那样沾溉万物的，有教他修养品德的，有引他发挥才能的，有解答疑问的，还有以流风余韵为后人所私自学习的。这五种是君子的教育方法。”

晚年的孟子以教育为职志，因此在这方面的体会也特别多。除了教法不同，学习也有其途径和程序。

孟子说：

“羿教人射箭，一定拉满弓；学习的人也一定要求拉满弓。木工师傅教导徒弟，一定依循圆规矩尺，学习的人也一定要依循圆规矩尺。”

这是教学生尚无法独立求知以前，一定要虚心接受老师的指导，不可好高骛远，躐（liè）等求进。基础的功夫，是每个初学者所必须扎实去做的。

过了基础阶段，学者就不能守成自满，而应该要求突破。孟子接着说：

“木匠和车匠，只能教人各种规矩尺度，却不能教人进到高明巧妙的程度。”

技巧进到高明巧妙的阶段，只能靠学者自己揣摩和创造了。

有一次，弟子公孙丑问道：

“君子不亲自教育儿子，为什么呢？”

孟子答道：

“因为在情势上行不通啊！教育一定要用正道正理，若用正道正理而无效，接着就会怒言责备了。一生气，那反而伤害感情。做儿子的要是反讥道：‘您拿冠冕堂皇的道理来教训我，自己却没有做到！’如此便会导致父子之间的互相伤害。父子间互相伤害感情，很不好。所以古时候的人彼此交换儿子来教育，使父子之间不因求善而相责备。因责善而隔绝亲情，世间没有比这种事更不好的了。”

又有一次，公孙丑觉得老师的境界实在太高峻了，有时难免令人感到不易跟上，因此，在谈话时，公孙丑便反映出来：

“老师的道高极了，美极了，就像是登天一样，似乎不能够做得到；为什么不使它变成可以做得到的，让我们天天勤勉学习呢？”

孟子说：

“大师傅不会为了笨拙的徒弟而改变或废弃规矩方法；羿也不会为了拙劣的射手而改变开弓的标准。同理，君子教人，如同教人射箭，张满了弓，却不发箭，然而发箭的气势已活跃活现。所以君子教人，中道而立，坚守原则，能学的人就跟着去学。”

孟子主张“英才教育”，强调教育的成功，必须教者与学者双方的配合和参与；教育者固然要引导学习者，但不需要过分降低水平；同理，学习者更要自我要求，力求上进。

孔子主张“有教无类”，但是孟子却有其条件限度。例如有一次，滕国国君的弟弟滕更向孟子求教，便遭到孟子的拒绝。

公都子觉得不解，问道：

“滕更来到您门下时，似乎也应该在礼待之列；然而您却不回答他的问题，为什么呢？”

孟子说：

“凡是自恃尊贵来问的，自恃贤能来问的，自恃年长来问的，自恃功勋来问的，自恃老交情来问的，都不加以回答。在这五条里，滕更已经占了两条。”

又说：

“教育的方法多啦！我不屑去教诲他，这也是一种教诲呢！”

“不教之教”，也是一种教法；这种教法，是用来警惕学习者应先具有尊重知识的虚心和诚意。

孟子对每一个来学习的人，都先加以观察。他说：

“观察一个人，再没有比观察他的眼睛更好了。因为眼睛不能掩饰他心中的恶念。当一个人心正，眼睛就明亮；心意不正，眼睛就昏暗不明。听一个人说话，注意观察他的眼睛，这人的用心岂能掩饰呢？”

在实际的教学活动中，孟子强调怀疑批判的精神，尤其在研究历史的时候。孟子告诉学生说：

“如果完全相信书本上的记载，而不懂得动脑筋去思考和判断，那倒不如没有书籍。我对于《周书·武成》一篇，所取用的不过是两三片竹简而已！仁人无敌于天下，像周武王这样仁爱的人来讨伐商纣这样极为不仁的人，怎么会战得血流漂杵呢？”

讲到这里，天色暗了下来，夕阳早已滚下远处的西方山头。

孟子和弟子们慢慢地折回居处。晚风徐来，大家都感受到智慧的充实与心境的宁和。

“像及时的雨水那样沾溉万物啊！”这不是正好足以形容老师的教诲?

【思考时间】

1. 孟子说:“得天下英才而教育之。”孔子说:“有教无类。”你喜欢哪一种态度？为什么？

2. 孟子相信“仁人无敌于天下，以至仁伐至不仁，不应该至于血之流杵”，因此不完全相信史书上的所有记载；你认为这种态度是否客观？抑或失之主观？

二、圣贤典型的怀想

在故居的一间讲堂里，孟子和几位弟子席地而坐，谈论有关古代的圣贤事迹。这是五月的早晨，穿透过树叶的阳光照进屋里，气温清爽，一切都显示出这将是令人愉快的一天的开始。

万章把身体稍稍向前倾，问到如何开拓人生视野的问题。

孟子并不直接作答，而就最近常提的论题——交友——谈下去：

“一乡之中的优秀人物便和那一乡的优秀人物交朋友，全国性的优秀人物便和那一国的优秀人物交朋友，天下性的优秀人物便和天下的优秀人物交往。

“如果和天下性的优秀人物交友还不满足，便得再和古代的人物对话。吟咏古人的诗歌，研究他们的著作，而不了解古人的生平行事可以吗？所以我们要研究讨论他那一个时代。这就是走进历史，与古人交朋友。”

开拓人生的视野，除了横的方面要多交结天下豪杰善士，在纵的方面还要上友古人，以“知其人，论其世”。进入老境的孟子，愈发体会到文化传统之绵续的意义，尤其是古圣先贤的形象，一天比一天生动而亲切地浮现上来。

孟子接着又说：

“圣人是百世之师，伯夷和柳下惠便是这样的人。所以听到伯夷的德风，贪得无厌的人清廉起来，懦弱的人也会立起志向来；听到柳下惠的德风，刻薄的人厚道起来了，胸襟狭小的人也宽大起来了。他们在百世以前卓然独立，而百世以后，领受遗风的人没有不感动奋发起来的。要不是圣人，能够像这样吗？百世以后还如此，更何况能够亲自接受教化的人呢！”

万章听了，便请求老师继续讲述伯夷、柳下惠的事迹。孟子的眼神光亮起来，似乎亲见这些古圣先贤来到面前。于是，他缓缓说道：

“伯夷，他眼睛不看不正当的东西，耳朵不听不正当的声音。不是他理想的君主，不去侍奉；不是他理想的百姓，不去使唤。

天下太平，他就来做事；天下混乱，他就退居乡野。有暴政和暴民的地方，他都不肯居住。他以为和乡下佬相处，好像穿戴礼服礼帽站在泥途炭灰之上。当纣王的时候，他隐居北海之滨，等待天下的清平。所以听到伯夷的为人，贪得无厌的人都廉洁起来，懦弱的人也都立起志向来。

“至于伊尹，他说：‘哪个君主不可侍奉？哪个百姓不可使唤？’因此，天下太平也出来做官，天下混乱也出来做官，并且说：‘天生这些百姓，就是要使先知觉后知，先觉觉后觉。我就是人类的先觉者，有责任来开导这些人。’他这样想：天下的百姓中，只要有一个男子或妇女没有沾润尧舜之道的好处，便好像自己把他推落山沟中一样——他便是这么一个以天下为己任的人！

“柳下惠则不以侍奉污下之君为羞，也不嫌弃卑下的官职。立于朝廷，不隐藏自己的才能，但一定按他的原则办事。被冷落摒弃时不抱怨，穷困时也不忧伤。和乡下佬相处，他也能悠然自得，舍不得离开。他的看法是：‘你是你，我是我，纵然你赤身露体站在我旁边，又怎能玷辱我呢？’所以听到柳下惠风节的人，胸襟狭小的也宽大起来，刻薄的也厚道起来了。

“孔子呢，他离开齐国时，不等待把洗好的米下锅，捞起来就走；离开鲁国的时候，却说：‘我要慢慢走啊！’这是因为离开祖国的缘故。应该马上走就马上走，应该继续干就继续干，应该隐居就隐居，应该出仕就出仕，这就是孔子。”

孟子一口气叙说到此，稍作停顿，又说：

“伯夷是圣人中清高的人，伊尹是圣人中负责的人，柳下惠是圣人中随和的人，孔子则是圣人中懂得因时制宜的人。孔子，可以说是集大成的人。集大成的意思，好比是奏乐时用金钟的声音来发端，用玉磬的声音来收尾一样。钟声，是众乐合奏时节奏条理的开始；磬声，是众乐合奏时节奏条理的结束。条理的开始在于智；条理的终结在于圣。智好比技巧，圣好比力气。犹如在百步外射箭，能射到，是由于你的力量；能射中，却不只靠你的力气，而是要靠技巧了。”

公孙丑在一旁问道：

“伯夷、伊尹和孔子，他们不是一样的吗？”

孟子答道：

“不！从有人类以来没有能比得上孔子的。”

公孙丑又问：

“那么，在这三位圣人中，有相同的地方吗？”

孟子答道：

“有。如果得到方圆百里的土地，而以他们为君王，他们都能够统一天下，使诸侯来朝见。如果叫他们行一不义，杀一无辜，因而得到天下，他们都不会做的。这是他们相同的地方。”

公孙丑说：

“请问，他们不同的地方又在哪里呢？”

孟子说：

“宰我、子贡、有若三人，他们的聪明才智足以了解圣人，即使夸大了些，也不至于存着私心，平白恭维他们喜欢的人。宰我称赞说：‘以我来看老师，胜过尧舜多了。’子贡说：‘前代的帝王，早已人亡政息；但是孔子看了他们遗留的典章制度，就能推知他们的政事；听了他们制作的乐曲，就能推知他们的道德人格；从百代以后，品评百代以前的帝王，没有人能逃出他的观察。自天生人类以来，没有比夫子更伟大的了！’有若也赞道：‘何止人类呢？麒麟对于走兽，凤凰对于飞鸟，泰山对于土堆，河海对于小溪，何尝不是同类？圣人对于一般人，亦是同类，只不过他远远超出了同类，挺拔突起。自天生人类以来，没有比孔子更伟大的了。’”

望向历史，孟子看到的是耸立峻伟的圣贤巨人，他们带领整个民族渡过苦难和危机，开创民族文化的格局，点醒人人本有的道德本心，为这个世界的进步、和平、美善、秩序，贡献他们的睿智与心力。尧、舜、禹、后稷、契、汤、伯夷、柳下惠、伊尹、文王、周公、孔子，虽然各有独特的形象，但同是华夏文化与历史的领航者！怀想这些圣贤，他愈激发“为天地立心，为生民立命，为往圣继绝学，为万世开太平”的使命感。

也许是由于时间和空间的距离较近吧，孟子从年轻的时候起便私淑孔子，以孔子作为精神的导师，也期望自己能追随于后，继承统绪。如今，年老了！孟子轻轻地叹息一声，说道：

“从尧舜到汤，经历了五百多年，像禹、皋陶（gāo yáo）那些人，便是亲身看到而知道尧舜之道的；像汤，便是只听到而知道尧舜之道的。从汤到文王，又有五百多年，像伊尹、莱朱那些人，便是亲自看见而知道圣人之道的；像文王，便只是听到而知道圣人之道的。从文王到孔子，又有五百多年，像太公望、散宜生那些人，便是亲自看见而知道的；像孔子，便只是听到而知道的。从孔子以后到今天，只有一百多年，距离圣人的时代这样近，又如此接近圣人的家乡，然而已经没有亲见而知道圣人之道的人了，那么将来耳闻圣人之道的也将绝迹吧！”

讲到这里，孟子站起来，踱向门廊。晌午了，外面一片亮丽，几个小孩正在树下玩游戏，不时传出喊叫的声音。

生命，只是历史中的一部分。

【思考时间】

1. 孟子经常讲述古代圣贤的光辉人格，并常以圣贤自期，说明了孟子具有强烈的历史意识和使命意识。今天的时代，是否需要发扬尊崇圣人的精神？是否需要强调古圣先贤开创民族文化基业的功绩？为什么？

2. 尊敬圣贤和崇拜英雄、礼拜上帝是否一样？

三、狂狷与乡愿

万章是孟子晚年弟子中，天分最高，也是最具思考能力和批判能力的弟子。

这一天，师徒两人又讲论到孔子的行谊。万章临时想到一个问题，问道：

“孔子在陈国时，遭历困厄，曾经感慨地说：‘何不归去呢！我的家乡还有一群志气大而缺乏阅历的青年，很有进取心，还没丧失掉当初的志向。’孔子在陈国，为什么想念鲁国这些狂放的人？”

孟子说：

“孔子得不到中道而行的人来传授，必然只有传授给这些狂狷之士了！狂者有进取心，狷者有所不为。孔子难道不喜欢中道而行的人吗？不一定能得到，所以就想到这些次一等的人啊！”

万章问：

“请问，怎么样才是狂呢？”

孟子答道：

“像琴张、曾皙、牧皮这类人就是孔子所说的狂者。”

万章问道：

“为什么说他们是狂放的人呢？”

孟子说：

“他们志大而言大，一开口就说：‘古人呀！古人呀！’可是考察他们的行为，却不一定能吻合自己的言论。这种狂放之士如果又不可以得到，便和不屑于做坏事的人来交友，这就是狷介之士，这又是次一等的。孔子说过：‘从我的门口经过而不进到我屋里来，我却不因此感到遗憾的人，恐怕只有那些乡愿了！乡愿是贼害道德的人啊！’”

“怎样才算是乡愿呢？”万章问。

孟子答道：

“乡愿批评狂者说，何必那样夸张呢？言论不顾行为，行为也不顾言论，就只说，古人呀，古人呀！又批评狷介之士说，何必落落寡合呢？生在这世上，就要照这世上的流俗来做人，只要大家说我好就好了。像这种八面玲珑，四方讨好的人，就是乡愿。”

万章问：

“全乡的人都说他是老好人，他也到处表现出是一个老好人，孔子竟看他是贼害道德的人，为什么呢？”

孟子答道：

“这种人，要指责他，却又举不出什么大错误来；要责骂他，却也无可责骂的；他只是同流合污，居心好像忠诚老实，行为好像方正清洁，大家也都喜欢他，他也自以为不错，但是与尧舜之道完全背离，所以说他是贼害道德的人。孔子说过，厌恶那种外貌相似而内容全非的东西；厌恶狗尾草，因为怕它把禾苗搞乱了；厌恶玩弄聪明，因为怕搞乱了义理；厌恶口齿伶俐的人，因为怕把信实搞乱了；厌恶郑国的音乐，因为怕搞乱了雅乐；厌恶紫色，因为怕把大红色搞乱了；厌恶乡愿，就是怕混乱了道德。君子使一切事物回到经常正道便行了。经常正道不被歪曲，老百姓就会奋发积极，如此就没有邪恶之事了。”

孟子以其深湛的智慧洞见到，危机并不在于善良与邪恶的对峙，而是在于伪善的充斥泛滥，以及所造成的是非混淆的情况。当世界上没有人敢公开批评邪恶时，邪恶已经暗地滋长了。

在孟子和万章的对话中，孟子显然最尊崇“中道而行”的人，其次是狂者，再其次是狷者，而最痛恨乡愿。他借着孔子的话说：“恶似而非者；恶莠，恐其乱苗也；恶佞，恐其乱义也；恶利口，恐其乱信也；恶郑声，恐其乱乐也；恶紫，恐其乱朱也；恶乡原，恐其乱德也。”这段话一针见血，对伪善的乡愿毫不宽容，真是痛快淋漓！

孟子强调“可为”与“不可为”之分际的坚守，他说：

“一个人有不肯做的事，然后才能有伟大的作为。”

又说：

“不要去做所不应该做的事，不要希求所不应该要的东西。做人的道理，就是这样罢了！”

万章觉得老师今天的讲论实在精彩！但是对于什么是“中道而行”却体会不太深。因此，他就换个话题，向孟子请教道：

“请问互相交际是表示什么意思呢？”

孟子答道：

“表示恭敬。”

万章说：

“把送来的礼物坚决推辞不受，便是不恭敬，为什么呢？”

孟子说：

“假使尊长赐给你礼物，你心里先想一想：‘这礼物，他得来是正当？抑或不正当？’然后才接受；这样做便是轻慢不恭敬了，所以不要推却才好。”

万章说：

“我说，拒绝他的礼物，不明白说出，只是心里不接受罢了。心里说：‘这是他取自百姓的不义之财呀！’因而用别的借口来拒绝，难道不可以吗？”

孟子说：

“只要他是以道相交往，以礼相对待，这样即使是孔子也会接受礼物的。”

万章想了想，又问道：

“如今有一个在国都郊野拦路抢劫的人，他也以道相交往，以礼节馈赠礼物，这种情形也可以接受吗？”

孟子说：

“不可以。《书经·康诰》上说：‘杀了人，又劫取财物，强横不怕死，所有的人民，没有不怨恨他的。’这种人，是不必经过教训就可以诛杀的。这个法律，夏商周三代相传，都是不必经过审讯就可以诛杀的，尤其是现在的治安情况特别严重，怎么可以接受他的馈赠呢？”

万章说：

“今天这些诸侯，索取人民的财物，也和拦路抢劫差不多。

假如把交际的礼节搞好，君子就接受了他的馈赠，请问这又是什么道理呢？”

孟子说：

“你以为如有圣王兴起，便将现在的诸侯一律杀了呢？还是先教训他，不肯更改以后再杀呢？至于说，不是自己所有而拿别人的，就叫作‘盗’。这句话只不过是就其类而扩充之，推至义的尽头的说法罢了，并不是真盗。从前孔子在鲁国做官，每逢祭祀的时候，大家一起出去打猎，争较猎物所得的多少，叫作‘猎较’，孔子也随俗同他们一样做。这种不合理的猎较风俗，孔子尚且随从着，何况是接受诸侯所赐的礼物呢？”

万章说：

“那么，孔子做官不是为了行道吗？”

孟子说：

“为了行道。”

万章说：

“既然为了行道，为什么又去从俗猎较呢？”

孟子说：

“孔子先用文书规定祭祀所用的器物和祭品，不用别处的食物来供祭祀，所争夺来的猎物原是为了祭祀，现在既不能用来供作祭祀，便无所用之，争夺猎物的风气自然会逐渐废止了。”

万章说：

"孔子这样做，到头来还是行不通，那么为什么不离开鲁国呢？"

孟子说：

"君子做官，先得试行一下。试行的结果，他的主张可以行得通，而君主却不肯行下去，这才离开。所以孔子不曾在一个国家淹留三年之久的。孔子做官，有的是因为看到可以行道，有的是因为接待有礼，有的是因为国君诚意养贤。在季桓子的时候，他是看到可以行道而出仕。在卫灵公的时候，他是因为接待有礼而出仕。在卫孝公的时候，他是由于国君诚意养贤而出仕。"

万章听到这里，终于明白了"中道而行"的态度，虽可以因时制宜，但是依然有其根本不变的原则。这是绝对不同于乡愿之处。

【思考时间】

1. 从万章与孟子的对话中，可以发现到当时师生之间的开放的讨论态度。请问，这是否可通于古代希腊的哲谚："吾爱吾师，吾更爱真理"？

2. 在今天的社会里，是否也充满"乡愿"形态的人物？孔子和孟子为什么如此痛恨乡愿人物？为什么乡愿心态的泛滥是真正的道德危机？

第十章
乐道的晚境

万物皆备于我矣。反身而诚，乐莫大焉。强恕而行，求仁莫近焉。

——《孟子·尽心上》

一、哲学的圆熟

性善论是孟子整体思想的基础。唯有肯定了人具有向善的可能性，在成己方面才能成圣成贤，在成物方面才能开展出仁政。换言之，唯有在性善论的基础上，“内圣外王”的理想才可能实现。

孟子到了晚年，关怀的方向逐渐由现实政治上转移到生命的圆成与境界的提升。孔子是他一生最景仰的人，曾说过：“五十而知天命。”那是对宇宙人生的终极真理的体悟。老年的孟子，精神矍铄，也日渐体悟到了孔子所说的“知天命”。他说：

“能够充尽我们所本有的良心，就可以体认到人性了。能够体认到人性，也就可以体认天命了。能够保存本有的良心，培养本有的善性，就是事天之道。短命也好，长寿也好，都没关系，我只修养身心以等待天命，这就是安身立命的人生态度。”

一般认为，“天命”是遥远的、难测的、形上的，因此产生种种说法，有的把“天”当作创造世界的上帝，有的认为“天”就是自然界的最高原理，有的干脆持“不可知论”的态度。孟子秉承儒家的哲学观点，认为客观的天道和主观的人性具有相同的本质。因此，体认天道的方法，只在于扩充良心的四端——恻隐之心、羞恶之心、恭敬之心和是非之心，进而体认到人人所本有的善性。既知如何体认天道，那么面对天道的态度，就在于存养我们的良心善性，而不必诉诸宗教的祈祷或科学的分析研究了。

人类自身所能肯定的只是“应该”与“不应该”的道德抉择，“是”与“非”的知识判断，至于人力所不能及的“偶然”，又该怎么办呢？孟子提出了“立命”、“正命”的观念。

孟子说：

“人的吉凶祸福，无不是天命，但依理而行，所接受的便是正命了。所以，能够体认天命的人，不站在危墙的底下。能够充尽存心养性之道而死的，就是正命；若因违背道理，犯罪而死，那就不是正命了。”

这里说得很清楚，体认天命的人，首先要爱惜自己，尤其要肯定成圣成贤之道。如此，尽人事之后，若面临吉凶祸福，便能坦然处之。有些人相信命运，因此就把一切是非成败归于命运，而逃避了做人的责任；这是孟子所不赞成的，所以说：“知命者不立乎岩墙之下。”把生命交给命运的人，就是最不懂得命运的人。

孟子又说：

“仁义礼智，自己去求的话，就能得到，舍弃就会失掉；这种追求有益于人生意义的完成，因为所求的是我自己本性所具有的啊！然而，像富贵利达，吉凶祸福，虽然有求取的方法，但能否得到，却不是自己所能决定；这种追求是无益于人生意义的建立，因为所追求的是身外之物啊！”

孟子只问“应然”的问题，而不问“实然”的问题。应不应该去做一件事情，这是每个人在自己心中都可以做判断的，只在于是否愿意而已。因此说，“求则得之，舍者失之。”至于在现实世界上，是否“善有善报，恶有恶报”呢？这就不是主观的道德意愿所可以决定的。至于其他的吉凶祸福，更往往在人力范围之外。因此说，“求之有道，得之有命。”

若懂得这个道理，那么，人生中许多的痛苦烦恼便可以“理”化解。孟子说：

“万物皆备于我矣！反身自省，如果是真诚无欺的，那便是最大的快乐。不断地实践推己及人的恕道，这便是最直接的求仁之道。”

如果从空间的大小和时间长短来比较，那的确会为人类的渺小而感到沮丧，甚至会感到人生只是一个小泡沫，那有什么意义可言？但是孟子告诉我们，这个庞大的宇宙万物如果有意义，那是由人类所赋予它的；宇宙万物如果绚烂美丽，那也要有待于人类去欣赏和赞美啊！从认知的观点而言，人是宇宙的中心；从价值创造的观点而言，人更是宇宙的中心。

肯定人类的存在尊严，是根据人具有“虽有限而可无限”的人性基础。一旦在修养实践中，反省到自己确实真诚于道德良心，那么，即使遭遇横逆挫折，诽谤打击，也能获得自我肯定的快乐。这是真正的快乐。

不仅止于此，还要把仁心推扩出去，也让别人能够分享到道德的光辉。“亲亲而仁民，仁民而爱物。”犹如同心圆的水波，生命的价值需要不断地向外延展，以至于无穷。

如果能达到这般境界，便是圣人。孟子想到孔子的人生境界，他说：

“孔子登上了东山，便觉得鲁国小了，登上了泰山，便觉得天下也变小了。所以对于看过汪洋大海的人，小河小溪便难以吸引他了；对于曾经在圣人门下学习的人，便不敢轻易发表议论了。观看水也有方法，一定要观看它的壮阔波澜。日月的光辉，普照天地万物。流水的性质是不注满坑洼便不向前流的；君子立志求道，不到‘诚于中而形于外’的境界，便不能说是通透明达的。”

孟子又说：

“成德君子所经过的地方，便普施教化；所关注的地方，便得以自我实现。他的人生境界，可以上下与天地一起周流变化。”

孟子讲人生的最高境界是“上下与天地同流”，意思是说，圣人体证了天地之道是生生不已的创造，因此圣人所到之处，也得让百姓都有提升生命和实现自我的机会。这就圆满了“成己”与“成物”，“内圣”与“外王”的终极理想。

【思考时间】

1. 孟子说：“孔子登东山而小鲁，登泰山而小天下。”给我们什么启示呢？

2. 我们对“命运”都充满了好奇和茫然，请问你自己对“命运”有什么看法？孟子说：“夭寿不二，修身以俟之，所以立命也。”又说：“知命者不立乎岩墙之下。尽其道而死者，正命也。”这对命运采取什么态度呢？

3. 什么是真正的快乐？官能的享受？知识的追求？爱情的陶醉？孟子说：“反身而诚，乐莫大焉。”为什么呢？

二、随机立教

时序代遭，周而复始，岁月就在不知不觉中静静地流逝。

又是冬去春来的季节，气温逐渐地回升，人们开始走向室外，树梢枝头也听到了鸟鸣雀叫。这一天，几个中年和青年的读书人，陪着一位老者出来散步。那是孟子和弟子们。他们慢慢走着，谈论着，也倾听着，思想着。

走到一条小溪畔，他们停了下来。

一位中年弟子问道：

“从前孔子屡次称赞水，说：‘水呀！水呀！’流水有什么值得赞美效法？”

孟子颔首笑道：

“有本源的泉水滚滚地向下流，昼夜不停，把洼下之处注满，又继续向前奔流，一直流到海洋去。有本源的事物便像这样，孔子取这一点罢了。假若没有本源，一到七八月间，暴雨骤下，大小沟渠一下子便满了；但是一会儿也就干涸了。所以，表面的虚名如果超过了实际，君子会引以为耻。”

大家沉默了一阵，望着溪里的滔滔流水，似乎咀嚼不尽刚才这段话的深意。

过了溪桥，又有一个年纪较轻的弟子问道：

“真正的圣人之乐是什么呢？”

孟子答道：

“拥有广大的土地，众多的人民，是君子所希望的，但是乐趣不在这儿；居于天下的中央，治理天下的百姓，君子固然喜欢，但也非其本性所在。君子所秉受的天性，纵使他的理想实行于全天下也不会因而增加，纵使穷困退隐也不会因而减损，因为肯定了人性尊严的缘故。君子的天性，即在心中具备仁义礼智的端绪，因此，显示出的气象，清和温润地表现在脸上，充盈在背部，以至手足四肢，而在整个行为动作中都可以感受到美圣与高洁。”

显然地，孟子对人生价值的肯定已经逐渐从政治层面转到仁义礼智的德行层面；唯有在这个层面上，人才能自做主宰，才能超越成败祸福的羁绊。

这时候，另一位侍立在旁的年轻人恭敬地问道：

“老师，您一向强调心灵的主宰作用。请问，人格完美的圣人又如何看待他的身躯容貌呢？”

孟子答道：

“人的身躯容貌也是天生的。唯有圣人在尽心知性、存心养性之后，才能恰当不过分地对待自己的身躯容貌。”

孟子讲过，养心莫善于寡欲。又说，从其大体（良知）为大人，从其小体（官能）为小人。因此，有些弟子对于身体形躯的态度，往往不知道如何才好。其实，孟子告诉我们，放纵官能固然不对，压抑它也不对。生而为人，唯有存养心性之后，才能随心所欲不逾矩，不为形躯的奴隶，而达到灵肉和谐的境界。

阳光下的温度逐渐升高，他们一行人经过一棵枝叶扶疏的大树，就在树下稍事休息。

这时，有人问到为学做人的方法。孟子说道：

“君子依循正确的方法来得到高深的造诣，就是要求他自觉地有所得。自觉地有所得，就能肯定而不动摇；肯定之后就能具有深厚的凭借根据；有深厚的凭借，便能取之不尽，左右逢源。因此，君子在为学做人方面，最重要的是求自觉地有所得。”

亲自去体验一番！这是最基本的原则。使知识成为真实的知识，要经过亲自的观察和实验；使道德的教训不至于成为表面文章，就要自我要求，力行实践。唯有“自得”的知识和智能，才是最真实而不会动摇的；也由于信念的坚定，因此在待人处世上便不至于矛盾冲突，而可以享受意义丰富的人生了。

孟子接着又说：

“仁胜过不仁，正像水可以扑灭火一样。如今行仁的人，好像用一杯水来救一车柴木的火，无法扑灭，便说水不能灭火。这种说法，反而大大地助长了那些不仁者的气焰，最后一定弄得连一点点仁道都没有才罢了。”

“请问，那该如何行仁呢？”

孟子说：

“五谷是所有农作物中最好的，但是若不成熟，那倒不如稊稗（tí bài）。仁呢，也在于使之成熟而已！”

“至于不仁的人呢？”

“不仁的人难道可以同他们商议吗？他们眼见危险而无动于衷，趁着灾难时谋取利益，把荒淫暴虐这些足以导致亡国败家的事情当作快乐来追求。不仁的人如果还可以同他们商议，那怎么会发生亡国败家的事情呢？从前有个小孩歌唱道：‘沧浪的水清呀，可以洗我的帽缨；沧浪的水浊啊，可以洗我的双脚。’孔子说：‘学生们听着！水清就洗帽缨，水浊就洗脚，这都是水本身决定的。’所以，人一定先轻慢自己，然后别人才轻慢他；卿大夫家必先自取毁败，然后别家才毁败他；诸侯国必先自取攻伐，然后别国才来攻伐它。《书经·太甲篇》上说：‘上天造的罪孽还可以逃避；若是自造罪孽，那就逃不了！’就是说的这种情形啊！”

在温和的天气下，年老的孟子心境十分开朗愉快。他喜欢从容而悠闲的日子，尤其是和年轻一辈的弟子在一起沟通思想，讨论问题。像现在，大家自由自在地思考着，谈说着，一点也不呆板，不拘束；因此，思想之泉就在恬静的气氛下汩汩地流着。孟子兴致一来，就说了一个当初在齐国时听来的故事。

那时候，有个齐国人家里有一妻一妾。那位先生每次外出，一定吃得饱饱的，喝得醉醺醺地回家。

他妻子问他和何许人物一起吃喝，他打个酒嗝，说道：

“噢——当然是有头有脸的显要人物，就是说了名字，你们妇道人家又懂得什么？”

妻子默不吭声。到了晚上，她偷偷地和妾商量：

“每次先生外出，一定酒足饭饱才回家；问他和什么人吃饭，据他说，全是一些有钱有势的人物。但是，我们可从没看过什么显贵的人物到我们家里来。因此我准备瞧个究竟，看他到底在干啥事。”

第二天一清早起来，她便远远地尾随在先生后面。走呀走的，已经快走遍了城中，还没看见有人站住和她先生说话的。到了中午，走到东郊外的墓地，她才看到他走近扫墓的人那里，乞讨些残菜剩饭来吃，吃不饱，又东张西望地跑到别处去乞讨。

妻子先回到家里，便把所看到的情况告诉妾，说道：

“丈夫，是我们仰望终身的人，现在竟是这样——”

说着，两人悲从中来，便哭泣了起来，一起讪笑她们的丈夫。

刚止住了哭泣，做丈夫的又醉醺醺地跨入门来，说道：

“今天啊，呃——又参加了城东王家的生日酒宴——”

孟子说到这里，下了结论：

“由君子看来，有些人乞求升官发财的方法，实在很少不会使他们的妻妾引为羞耻而哭泣的。”

孟子又说：

“人不可以没有羞耻心，不能以自己所偶犯的无耻之事为可耻，就能改行从善，终身便不再会有耻辱之累了。”

【思考时间】

孟子说：“仁之胜不仁，犹水胜火。”这句话是表示道德信念呢？抑是事实的叙述？若是后者，是否要理论和经验上来支持此说法的成立？又，假如这句话在事实上不能成立，是否会减损其意义？

三、智慧的遗痕

孟子已经上了高龄，希望趁着还有精力的时候，整理一生的思想成绩。因此，他把万章、公孙丑两人找来，吩咐他们整理著作的工作。这是一件不容易做的事情。由于当时书写工具和技术的落后，在孟子漫长的一生中，虽然发表了不少议论，但是记录下来的并不多，而且还有大部分散在各处弟子的手上。现在，第一步的工作，就是要把分散的言论记载加以纂集起来。

万章和公孙丑两人便分头着手进行。

过了一段时间，午后，万章正在翻检一篇一篇漆墨刻写的竹简，上面刻写着以前老师所谆谆教诲的言论……

孟子曾经讲过一则故事：

从前有人送条活鱼给郑国大夫子产，子产就叫管池塘的人养在池里，但是那人却把鱼煮了吃掉，然后回报说：

“刚把鱼放下水池时，只见它懒洋洋的。过了一会儿，鱼就摇着尾巴，突然间游得不知去向！”

子产说：

“这尾鱼真是得其所哉，得其所哉！”

管理池塘的人出来，得意扬扬地说道：

“谁说子产聪明？我都把鱼煮了吃掉，他还说：‘得其所哉！得其所哉！’”

孟子就这则故事下了一个结论：

“对于君子，可以拿合乎情理的事去欺骗他，却不可以拿不合情理的事去欺骗他。”

孟子说：

“每个人都有不忍之心，把这不忍之心推扩到所忍心做的事上，便是仁。每个人都有所不为之心，把这有所不为的心推扩到平素所为的事上，便是义。换言之，人能够把不想害人的念头扩而充之，仁便用不尽了；人能把不想挖洞跳墙、鸡鸣狗盗的想法扩而充之，义便用不尽了；人能够把不受轻贱的实际言行扩而充之，以至所言所行都不会遭致轻贱，那无论到哪里都合于义了。

“一个知识分子，不可以和他谈论却去和他谈论，这是用言语来引诱他，以便自己取利；可以和他谈论却不去和他谈论，这是用沉默来引诱他，以便自己取利，这些都属于挖洞跳墙一类的行为啊！”

孟子又说：

“言语浅近，意义却深远的，这是‘善言’；守着简约的原则，而能普遍施行的，这是‘善道’。君子的言语，讲的虽是常见的事情，可是‘道’就在其中；君子的操守，从修养自己开始，从而使天下太平。有些人的毛病就在于放弃自己的田地，而去替别人耕田除草——要求别人很严，要自己负担的却很轻。”

真是历久弥新啊！万章轻轻地放下一篇竹简。老师的这些言论，不就是他自己所说的“言近而旨远的善言”吗？只是更为尖锐精警而已！“有些人的毛病就在于放弃自己的田地，而去替别人耕田除草！”像这不就是足以供人自省的警句吗？万章又拿起下一篇的竹简，上面载着——

孟子说：

“古代的贤君爱好善道而忘却自己的权势，古代的贤士又何尝不是这样呢！坚定自己的理想原则而忘却现实上的权势，所以王公不对他恭敬尽礼，就不能常常和他见面。常常相见尚且不可得，更何况要把他当作臣下看待呢？”

又说：

“天下清明，君子得志，‘道’就随着实现；天下黑暗，君子

【思考时间】

读完了本书，相信也经历了一次思想的旅程。在旅程中，孟子的生命世界一页一页地展开，一幅一幅地呈现；面对着这么一位圣贤人物的心灵，有何感受？也许真正的感受，应该浮现在合起书本之后，甚至在将来。

附录

原典精选

孟子正義卷一

江都縣鄉貢士焦循譔集

孟子題辭【疏】正義曰：音義云：張鎰云即序也。趙注尙異，故不謂之序，而謂之題辭也。阮氏元按勘記云：十行本、閩本無此篇，監、毛本有。山井鼎考文所謂孟子題辭注疏本或無之者是也。

趙氏【疏】正義曰：按勘記云：音義孟子題辭下出趙氏字，今本無之，益失其舊。按後漢書本傳云：趙岐字邠卿，京兆長陵人也。初名嘉，生於御史臺，因字臺卿，後避難，故自改名字，示不忘本土也。岐少明經，有才藝，娶扶風馬融兄女。融外戚豪家，岐嘗鄙之，不與融相見。仕州郡，以廉直疾惡見憚。年三十餘，有重疾，臥蓐七年，自慮奄忽，乃爲遺令勑兄子曰：大丈夫生世，遯無箕山之操，仕無伊呂之勳，天不我與，復何言哉。可立一員石於吾墓前，刻之曰：漢有逸人，姓趙名嘉，有志無時，命也柰何。其後疾瘳。永興二年，辟司空掾，議二千石得去官爲親行服，朝廷從之。其後爲大將軍梁冀所辟，爲陳損益求賢之策，冀不納。舉理劇，爲皮氏

梁惠王上　凡七章选四章

之一

孟子见梁惠王。王曰："叟，不远千里而来，亦将有以利吾国乎？"

孟子对曰："王何必曰利？亦有仁义而已矣。王曰：'何以利吾国？'大夫曰：'何以利吾家？'士庶人曰：'何以利吾身？'上下交征利，而国危矣。万乘之国，弑其君者，必千乘之家；千乘之国，弑其君者，必百乘之家。万取千焉，千取百焉，不为不多矣；苟为后义而先利，不夺不餍。未有仁而遗其亲者也；未有义而后其君者也。王亦曰仁义而已矣，何必曰利？"

之三

梁惠王曰："寡人之于国也，尽心焉耳矣！河内凶，则移其民于河东，移其粟于河内；河东凶，亦然。察邻国之政，无如寡人之用心者；邻国之民不加少，寡人之民不加多，何也？"

孟子对曰："王好战，请以战喻：填然鼓之，兵刃既接，弃甲曳兵而走，或百步而后止，或五十步而后止。以五十步笑百步，则何如？"

曰："不可，直不百步耳！是亦走也！"

曰："王如知此，则无望民之多于邻国也。

"不违农时，谷不可胜食也；数罟不入洿（wū）池，鱼鳖不可胜食也；斧斤以时入山林，材木不可胜用也。谷与鱼鳖不可胜食，材木不可胜用，是使民养生丧死无憾也。养生丧死无憾，王道之始也。

"五亩之宅，树之以桑，五十者可以衣帛矣；鸡豚狗彘（zhì）之畜，无失其时，七十者可以食肉矣；百亩之田，勿夺其时，数口之家可以无饥矣。谨庠序之教，申之以孝悌之义，颁白者不负戴于道路矣。七十者衣帛食肉，黎民不饥不寒，然而不王者，未之有也。

"狗彘食人食而不知检；涂有饿莩而不知发。人死，则曰：'非我也，岁也。'是何异于刺人而杀之，曰：'非我也，兵也。'王无罪岁，斯天下之民至焉。"

之四

梁惠王曰："寡人愿安承教。"

孟子对曰："杀人以梃与刃，有以异乎？"曰："无以异也。""以刃与政，有以异乎？"曰："无以异也。"

曰："庖有肥肉，厩有肥马，民有饥色，野有饿莩，此率兽而食人也！兽相食，且人恶之；为民父母，行政不免于率兽而食人，恶在其为民父母也？仲尼曰：'始作俑者，其无后乎！'为其象人而用之也。如之何其使斯民饥而死也？”

之六

孟子见梁襄王。出语人曰：“望之不似人君，就之而不见所畏焉。卒然问曰：‘天下恶乎定？’吾对曰：‘定于一。’‘孰能一之？’对曰：‘不嗜杀人者能一之。’“孰能与之？”对曰：‘天下莫不与也。王知夫苗乎？七八月之间旱，则苗槁矣。天油然作云，沛然下雨，则苗浡然兴之矣。其如是，孰能御之？今夫天下之人牧，未有不嗜杀人者也；如有不嗜杀人者，则天下之民皆引领而望之矣。诚如是也，民归之，由水之就下，沛然谁能御之？’”

梁惠王下　凡十六章选四章

之一

庄暴见孟子曰：“暴见于王，王语暴以好乐，暴未有以对也。曰‘好乐’，何如？”孟子曰：“王之好乐甚，则齐国其庶几乎！”

他日见于王曰：“王尝语庄子以好乐，有诸？”王变乎色，曰：“寡人非能好先王之乐也，直好世俗之乐耳。”曰：“王之好乐甚，则齐其庶几乎！今之乐，由古之乐也！”曰：“可得闻与？”曰：“独乐乐，与人乐乐，孰乐？”曰：“不若与人。”曰：“与少乐乐，与众乐乐（yuè lè），孰乐？”曰：“不若与众。”

“臣请为王言乐：今王鼓乐于此，百姓闻王钟鼓之声，管籥之音，举疾首蹙頞（è）而相告曰：‘吾王之好鼓乐，夫何使我至于此极也？父子不相见，兄弟妻子离散！’今王田猎于此，百姓闻王车马之音，见羽旄之美，举疾首蹙頞而相告曰：‘吾王之好田猎，夫何使我至于此极也？父子不相见，兄弟妻子离散！’此无他，不与民同乐也。

“今王鼓乐于此，百姓闻王钟鼓之声，管籥之音，举欣欣然有喜色而相告曰：‘吾王庶几无疾病与？何以能鼓乐也？’今王田猎于此，百姓闻王车马之音，见羽旄之美，举欣欣然有喜色而相告曰：‘吾王庶几无疾病与？何以能田猎也？’此无他，与民同乐也。今王与百姓同乐，则王矣。”

之六

孟子谓齐宣王曰：“王之臣有托其妻子于其友，而之楚游者；比其反也，则冻馁其妻子。则如之何？”王曰：“弃之。”曰：“士师不能治士，则如之何？”王曰：“已之。”曰：“四境之内不治，则如之何？”王顾左右而言他。

之七

孟子见齐宣王，曰：“所谓故国者，非谓有乔木之谓也，有世臣之谓也。王无亲臣矣；昔者所进，今日不知其亡也。”

王曰：“吾何以识其不才而舍之？”

曰："国君进贤，如不得已，将使卑逾尊，疏逾戚，可不慎与？左右皆曰贤，未可也。诸大夫皆曰贤，未可也。国人皆曰贤，然后察之；见贤焉，然后用之。左右皆曰不可，勿听。诸大夫皆曰不可，勿听。国人皆曰不可，然后察之；见不可焉，然后去之。左右皆曰可杀，勿听。诸大夫皆曰可杀，勿听。国人皆曰可杀，然后察之；见可杀焉，然后杀之。故曰'国人杀之'也。如此，然后可以为民父母。"

之八

齐宣王问曰："汤放桀，武王伐纣，有诸？"孟子对曰："于传有之。"

曰："臣弑其君，可乎？"

曰："贼仁者，谓之贼；贼义者，谓之残。残贼之人，谓之一夫。闻诛一夫纣矣，未闻弑君也。"

公孙丑上　凡九章选三章

之二

公孙丑问曰："夫子加齐之卿相，得行道焉，虽由此霸王不异矣。如此，则动心否乎？"

孟子曰："否。我四十不动心。"

曰："若是，则夫子过孟贲远矣！"

曰："是不难。告子先我不动心。"

曰："不动心有道乎？"

曰："有。北宫黝之养勇也，不肤挠，不目逃；思以一毫挫于人，若挞之于市朝。不受于褐宽博，亦不受于万乘之君；视刺万乘之君，若刺褐夫，无严诸侯。恶声至，必反之。孟施舍之所养勇也，曰：'视不胜犹胜也。量敌而后进，虑胜而后会，是畏三军者也。舍岂能为必胜哉？能无惧而已矣。'孟施舍似曾子，北宫黝似子夏。夫二子之勇，未知其孰贤；然而孟施舍守约也。昔者曾子谓子襄曰：'子好勇乎？吾尝闻大勇于夫子矣：自反而不缩，虽褐宽博，吾不惴焉？自反而缩，虽千万人，吾往矣！'孟施舍之守气，又不如曾子之守约也。"

曰："敢问夫子之不动心，与告子之不动心，可得闻与？"

"告子曰：'不得于言，勿求于心；不得于心，勿求于气。'不得于心，勿求于气，可；不得于言，勿求于心，不可。夫志，气之帅也；气，体之充也。夫志至焉，气次焉，故曰：'持其志，无暴其气。'"

"既曰'志至焉，气次焉'，又曰'持其志，无暴其气'者，何也？"

曰："志壹则动气，气壹则动志也。今夫蹶者，趋者，是气也，而反动其心。"

"敢问夫子恶乎长？"

曰："我知言，我善养吾浩然之气。"

"敢问何谓浩然之气？"

曰："难言也。其为气也，至大至刚，以直养而无害，则塞于天地之间。其为气也，配义与道；无是，馁也。是集义所生者，非义袭而取之也；行有不慊于心，则馁矣。我故曰告子未尝知义，以其外之也。必有事焉而勿正，心勿忘，勿助长也。无若宋人然：宋人有闵其苗之不长而揠之者，芒芒然归，谓其人曰：'今日病矣！予助苗长矣！'其子趋而往视之，苗则槁矣！天下之不助苗长者寡矣。以为无益而舍之者，不耘苗者也。助之长者，揠苗者也；非徒无益，而又害之。"

"何谓知言？"

曰："诐辞，知其所蔽；淫辞，知其所陷；邪辞，知其所离；遁辞，知其所穷。生于其心，害于其政，发于其政，害于其事；圣人复起，必从吾言矣。"

"宰我、子贡，善为说辞。冉牛、闵子、颜渊，善言德行。孔子兼之，曰：'我于辞命，则不能也。'然则夫子既圣矣乎？"

曰："恶！是何言也！昔者子贡问于孔子曰：'夫子圣矣乎？'孔子曰：'圣，则吾不能；我学不厌，而教不倦也。'子贡曰：'学不厌，智也；教不倦，仁也。仁且智，夫子既圣矣！'夫圣，孔子不居。是何言也！"

"昔者窃闻之：子夏、子游、子张，皆有圣人之一体；冉牛、闵子、颜渊，则具体而微。敢问所安？"

曰："姑舍是。"

曰："伯夷、伊尹何如？"

曰："不同道。非其君不事，非其民不使，治则进，乱则退，伯夷也。何事非君？何使非民？治亦进，乱亦进，伊尹也。可以仕则仕，可以止则止，可以久则久，可以速则速，孔子也。皆古圣人也，吾未能有行焉；乃所愿，则学孔子也。"

"伯夷、伊尹于孔子，若是班乎？"

曰："否。自有生民以来，未有孔子也！"

曰："然则有同与？"

曰："有。得百里之地而君之，皆能以朝诸侯，有天下；行一不义，杀一不辜，而得天下，皆不为也。是则同。"

曰："敢问其所以异？"

曰："宰我、子贡、有若，智足以知圣人；污，不至阿其所好。宰我曰：'以予观于夫子，贤于尧舜远矣。'子贡曰：'见其礼而知其政，闻其乐而知其德，由百世之后，等百世之王，莫之能违也。自生民以来，未有夫子也！'有若曰：'岂惟民哉？麒麟之于走兽，凤凰之于飞鸟，泰山之于丘垤，河海之于行潦，类也。圣人之于民，亦类也；出于其类，拔乎其萃，自生民以来，未有盛于孔子也！'"

之六

孟子曰："人皆有不忍人之心。先王有不忍人之心，斯有不忍人之政矣。以不忍人之心，行不忍人之政，治天下可运之掌上。

“所以谓人皆有不忍人之心者：今人乍见孺子将入于井，皆有怵惕恻隐之心；非所以内交于孺子之父母也，非所以要誉于乡党朋友也，非恶其声而然也。

“由是观之，无恻隐之心，非人也；无羞恶之心，非人也；无辞让之心，非人也；无是非之心，非人也。恻隐之心，仁之端也；羞恶之心，义之端也；辞让之心，礼之端也；是非之心，智之端也。人之有是四端也，犹其有四体也；有是四端而自谓不能者，自贼者也；谓其君不能者，贼其君者也。

“凡有四端于我者，知皆扩而充之矣，若火之始然，泉之始达。苟能充之，足以保四海；苟不充之，不足以事父母。”

公孙丑下　凡十四章选一章

之十三

孟子去齐，充虞路问曰：“夫子若有不豫色然。前日虞闻诸夫子曰：‘君子不怨天，不尤人。’”

曰：“彼一时，此一时也。五百年必有王者兴，其间必有名世者。由周而来，七百有余岁矣。以其数，则过矣；以其时考之，则可矣。夫天未欲平治天下也；如欲平治天下，当今之世，舍我其谁也？吾何为不豫哉！”

滕文公上　凡五章选一章

之一

滕文公为世子，将之楚，过宋而见孟子。孟子道性善，言必称尧舜。

世子自楚反，复见孟子。孟子曰："世子疑吾言乎？夫道，一而已矣。成覸谓齐景公曰：'彼，丈夫也；我，丈夫也。吾何畏彼哉？'颜渊曰：'舜何人也？予何人也？有为者亦若是。'公明仪曰：'文王我师也，周公岂欺我哉？'

"今滕绝长补短，将五十里也，犹可以为善国。《书》曰：'若药不瞑眩，厥疾不瘳。'"

滕文公下　凡十章选一章

之二

景春曰："公孙衍、张仪，岂不诚大丈夫哉？一怒而诸侯惧，安居而天下熄。"

孟子曰："是焉得为大丈夫乎？子未学礼乎？丈夫之冠也，父命之；女子之嫁也，母命之，往送之门，戒之曰：'往之女家，必敬必戒，无违夫子。'以顺为正者，妾妇之道也。居天下之广居，立天下之正位，行天下之大道；得志与民由之，不得志独行其道；富贵不能淫，贫贱不能移，威武不能屈；此之谓大丈夫！”

离娄上　凡二十八章选五章

之三

孟子曰：“三代之得天下也，以仁；其失天下也，以不仁。国之所以废兴存亡者亦然。天子不仁，不保四海；诸侯不仁，不保社稷；卿大夫不仁，不保宗庙；士庶人不仁，不保四体。今恶死亡而乐不仁，是犹恶醉而强酒。”

之八

孟子曰：“不仁者，可与言哉？安其危而利其菑，乐其所以亡者。不仁而可与言，则何亡国败家之有？有孺子歌曰：‘沧浪之水清兮，可以濯我缨；沧浪之水浊兮，可以濯我足。’孔子曰：‘小子听之！清斯濯缨，浊斯濯足矣。自取之也。’夫人必自侮，然后人侮之；家必自毁，而后人毁之；国必自伐，而后人伐之。《太甲》曰：‘天作孽，犹可违；自作孽，不可活。’此之谓也。”

之十

孟子曰：“自暴者，不可与有言也；自弃者，不可与有为也。言非礼义，谓之自暴也；吾身不能居仁由义，谓之自弃也。仁，人之安宅也；义，人之正路也。旷安宅而弗居，舍正路而不由，哀哉！”

之十四

孟子曰：“求也，为季氏宰，无能改于其德，而赋粟倍他日。孔子曰：‘求，非我徒也！小子鸣鼓而攻之可也！’由此观之，君不行仁政而富之，皆弃于孔子者也；况于为之强战！争地以战，杀人盈野；争城以战，杀人盈城。此所谓率土地而食人肉，罪不容于死。故善战者服上刑；连诸侯者次之；辟草莱，任土地者次之。”

之十七

淳于髡曰：“男女授受不亲，礼与？”孟子曰：“礼也。”曰：“嫂溺，则援之以手乎？”曰：“嫂溺不援，是豺狼也。男女授受不亲，礼也；嫂溺援之以手者，权也。”曰：“今天下溺矣，夫子之不援，何也？”曰：“天下溺，援之以道；嫂溺，援之以手。子欲手援天下乎？”

离娄下　凡三十三章选六章

之三

孟子告齐宣王曰："君之视臣如手足，则臣视君如腹心；君之视臣如犬马，则臣视君如国人；君之视臣如土芥，则臣视君如寇仇。"

王曰："礼，为旧君有服。何如斯可为服矣？"

曰："谏行，言听，膏泽下于民；有故而去，则君使人导之出疆，又先于其所往；去三年不反，然后收其田里；此之谓三有礼焉。如此，则为之服矣。今也为臣，谏则不行，言则不听，膏泽不下于民；有故而去，则君搏执之，又极之于其所往；去之日，遂收其田里；此之谓寇仇。寇仇，何服之有？"

之八

孟子曰："人有不为也，而后可以有为。"

之十二

孟子曰："大人者，不失其赤子之心者也。"

之十八

徐子曰："仲尼亟称于水曰：'水哉！水哉！'何取于水也？"

孟子曰："原泉混混，不舍昼夜，盈科而后进，放乎四海；

有本者如是，是之取尔。苟为无本，七八月之闲雨集，沟浍皆盈；其涸也，可立而待也。故声闻过情，君子耻之。”

之十九

孟子曰：“人之所以异于禽兽者，几希。庶民去之，君子存之；舜明于庶物，察于人伦，由仁义行，非行仁义也。”

之二十八

孟子曰：“君子所以异于人者，以其存心也。君子以仁存心，以礼存心；仁者爱人，有礼者敬人。爱人者，人恒爱之；敬人者，人恒敬之。

“有人于此，其待我以横逆，则君子必自反也：‘我必不仁也，必无礼也，此物奚宜至哉？’其自反而仁矣，自反而有礼矣，其横逆由是也；君子必自反也：‘我必不忠。’自反而忠矣，其横逆由是也；君子曰：‘此亦妄人也已矣！如此，则与禽兽奚择哉？于禽兽，又何难焉？’

“是故，君子有终身之忧，无一朝之患也。乃若所忧，则有之；舜，人也；我，亦人也；舜为法于天下，可传于后世，我由未免为乡人也！是则可忧也。忧之如何？如舜而已矣。

“若夫君子所患，则亡矣；非仁无为也，非礼无行也，如有一朝之患，则君子不患矣。”

万章下　凡九章选三章

之一

孟子曰：“伯夷，目不视恶色，耳不听恶声。非其君不事，非其民不使。治则进，乱则退。横政之所出，横民之所止，不忍居也。思与乡人处，如以朝衣朝冠坐于涂炭也。当纣之时，居北海之滨，以待天下之清也。故闻伯夷之风者，顽夫廉，懦夫有立志。

“伊尹曰：‘何事非君？何使非民？’治亦进，乱亦进。曰：‘天之生斯民也，使先知觉后知，使先觉觉后觉。予，天民之先觉者也，予将以此道觉此民也。’思天下之民，匹夫匹妇有不与被尧舜之泽者，若己推而内之沟中，其自任以天下之重也。

“柳下惠，不羞污君，不辞小官；进不隐贤，必以其道。遗佚而不怨，厄穷而不悯；与乡人处，由由然不忍去也。‘尔为尔，我为我，虽袒裼裸裎于我侧，尔焉能浼（měi）我哉？’故闻柳下惠之风者，鄙夫宽，薄夫敦。

“孔子之去齐，接淅而行；去鲁，曰：‘迟迟吾行也！’去父母国之道也。可以速而速，可以久而久，可以处而处，可以仕而仕，孔子也。”

孟子曰：“伯夷，圣之清者也；伊尹，圣之任者也；柳下惠，圣之和者也；孔子，圣之时者也。孔子之谓集大成。集大成也者，金声而玉振之也。金声也者，始条理也；玉振之也者，终条理也。

始条理者，智之事也；终条理者，圣之事也。智，譬则巧也；圣，譬则力也。由射于百步之外也；其至，尔力也；其中，非尔力也。”

之八

孟子谓万章曰：“一乡之善士，斯友一乡之善士；一国之善士，斯友一国之善士；天下之善士，斯友天下之善士。以友天下之善士为未足，又尚论古之人。颂其诗，读其书，不知其人可乎？是以论其世也。是尚友也。”

之九

齐宣王问卿。孟子曰：“王何卿之问也？”王曰：“卿不同乎？”曰：“不同，有贵戚之卿，有异姓之卿。”王曰：“请问贵戚之卿？”曰：“君有大过则谏，反覆之而不听，则易位。”王勃然变乎色。曰：“王勿异也！王问臣，臣不敢不以正对。”王色定，然后请问“异姓之卿”。曰：“君有过则谏，反复之而不听，则去。”

告子上　凡二十章选九章

之一

告子曰：“性，犹杞柳也；义，犹桮棬（bēi quān）也，以人性为仁义，犹以杞柳为桮棬。”孟子曰：“子能顺杞柳之性，而以为桮棬乎？将戕贼杞柳，而后以为桮棬也？如将戕贼杞柳而以为桮棬，则亦将戕贼人以为仁义与？率天下之人而祸仁义者，必子之言夫！”

之二

告子曰：“性，犹湍水也。决诸东方则东流，决诸西方则西流。人性之无分于善不善也，犹水之无分于东西也。”孟子曰：“水信无分于东西，无分于上下乎？人性之善也，犹水之就下也；人无有不善，水无有不下。今夫水，搏而跃之，可使过颡；激而行之，可使在山；是岂水之性哉，其势则然也。人之可使为不善，其性亦犹是也。”

之六

公都子曰：“告子曰：‘性无善无不善也。’或曰：‘性可以为善，可以为不善。是故，文武兴，则民好善；幽厉兴，则民好暴。’或曰：‘有性善，有性不善。是故，以尧为君，而有象；以瞽瞍为父，而有舜；以纣为兄之子，且以为君，而有微子启，王子比干。’今曰：‘性善’，然则彼皆非与？”

孟子曰：“乃若其情，则可以为善矣，乃所谓善也。若夫为不善，非才之罪也。恻隐之心，人皆有之；羞恶之心，人皆有之；恭敬之心，人皆有之；是非之心，人皆有之。恻隐之心，仁也；

羞恶之心，义也；恭敬之心，礼也；是非之心，智也。仁、义、礼、智，非由外铄我也，我固有之也，弗思耳矣。故曰：求则得之，舍则失之。或相倍蓰而无算者，不能尽其才者也。《诗》曰：'天生烝民，有物有则；民之秉彝，好是懿德。'孔子曰：'为此诗者，其知道乎！'故有物必有则，民之秉彝也，故好是懿德。"

之八

孟子曰："牛山之木尝美矣；以其郊于大国也，斧斤伐之，可以为美乎？是其日夜之所息，雨露之所润，非无萌蘖（niè）之生焉；牛羊又从而牧之，是以若彼濯濯也；人见其濯濯也，以为未尝有材焉，此岂山之性也哉？

"虽存乎人者，岂无仁义之心哉！其所以放其良心者，亦犹斧斤之于木也。旦旦而伐之，可以为美乎？其日夜之所息，平旦之气，其好恶与人相近也者几希；则其旦昼之所为，有梏亡之矣。梏之反覆，则其夜气不足以存；夜气不足以存，则其违禽兽不远矣。人见其禽兽也，而以为未尝有才焉者，是岂人之情也哉？

"故苟得其养，无物不长；苟失其养，无物不消。孔子曰：'操则存，舍则亡；出入无时，莫知其乡。'惟心之谓与！"

之十

孟子曰："鱼，我所欲也；熊掌，亦我所欲也；二者不可得兼，舍鱼而取熊掌者也。生，亦我所欲也；义，亦我所欲也；二者不可得兼，舍生而取义者也。生亦我所欲，所欲有甚于生者，故不为苟得也。死亦我所恶，所恶有甚于死者，故患有所不辟也。如使人之所欲莫甚于生，则凡可以得生者，何不用也？使人之所恶莫甚于死者，则凡可以辟患者，何不为也？由是则生而有不用也；由是则可以辟患而有不为也。是故，所欲有甚于生者，所恶有甚于死者；非独贤者有是心也，人皆有之，贤者能勿丧耳。

“一箪食，一豆羹，得之则生，弗得则死。呼尔而与之，行道之人弗受；蹴尔而与之，乞人不屑也。万钟则不辨礼义而受之，万钟于我何加焉？为宫室之美，妻妾之奉，所识穷乏者得我与？乡为身死而不受，今为宫室之美为之；乡为身死而不受，今为妻妾之奉为之；乡为身死而不受，今为所识穷乏者得我而为之；是亦不可以已乎？此之谓失其本心。”

之十一

孟子曰：“仁，人心也；义，人路也；舍其路而弗由，放其心而不知求，哀哉！有鸡犬放，则知求之；有放心，而不知求！学问之道无他，求其放心而已矣。”

之十三

孟子曰：“今有无名之指，屈而不信，非疾痛害事也；如有能信之者，则不远秦、楚之路，为指之不若人也。指不若人，则知恶之；心不若人，则不知恶；此之谓不知类也。”

之十五

公都子问曰："钧是人也，或为大人，或为小人，何也？"孟子曰："从其大体为大人，从其小体为小人。"曰："钧是人也，或从其大体，或从其小体，何也？"曰："耳目之官不思，而蔽于物；物交物，则引之而已矣。心之官则思，思则得之，不思则不得也。此天之所与我者。先立乎其大者，则其小者不能夺也，此为大人而已矣。"

之十六

孟子曰："有天爵者，有人爵者。仁义忠信，乐善不倦，此天爵也；公卿大夫，此人爵也。古之人，修其天爵，而人爵从之；今之人修其天爵，以要人爵；既得人爵，而弃其天爵，则惑之甚者也。终亦必亡而已矣。"

告子下　凡十六章选三章

之二

曹交问曰："人皆可以为尧舜，有诸？"孟子曰："然。""交闻文王十尺，汤九尺，今交九尺四寸以长，食粟而已，如何则可？"曰："奚有于是？亦为之而已矣，有人于此，力不能胜一匹雏，则为无力人矣。今曰举百钧则为有力人矣。然则举乌获之任，是亦为乌获而已矣。夫人岂以不胜为患哉？弗为耳。徐行后长者，谓之弟；疾行先长者，谓之不弟。夫徐行者，岂人所不能哉？所不为也。尧舜之道，孝弟而已矣。子服尧之服，诵尧之言，行尧之行，是尧而已矣。子服桀之服，诵桀之言，行桀之行，是桀而已矣。”曰：“交得见于邹君，可以假馆，愿留而受业于门。”曰：“夫道，若大路然，岂难知哉！人病不求耳。子归而求之，有余师。”

之十五

孟子曰：“舜发于畎亩之中，傅说举于版筑之间，胶鬲举于鱼盐之中，管夷吾举于士，孙叔敖举于海，百里奚举于市。故天将降大任于是人也，必先苦其心志，劳其筋骨，饿其体肤，空乏其身，行拂乱其所为；所以动心忍性，曾益其所不能。人恒过，然后能改；困于心，衡于虑，而后作；征于色，发于声，而后喻。入则无法家拂士，出则无敌国外患者，国恒亡。然后知生于忧患，而死于安乐也。”

之十六

孟子曰：“教亦多术矣！予不屑之教诲也者，是亦教诲之而已矣。”

尽心上　凡四十六章选十九章

之一

孟子曰："尽其心者，知其性也；知其性，则知天矣。存其心，养其性，所以事天也。夭寿不二，修身以俟之，所以立命也。"

之二

孟子曰："莫非命也，顺受其正。是故，知命者不立乎岩墙之下。尽其道而死者，正命也；桎梏死者，非正命也。"

之三

孟子曰："求则得之，舍则失之，是求有益于得也，求在我者也。求之有道，得之有命，是求无益于得也，求在外者也。"

之四

孟子曰："万物皆备于我矣。反身而诚，乐莫大焉。强恕而行，求仁莫近焉。"

之十

孟子曰："待文王而后兴者，凡民也；若夫豪杰之士，虽无文王犹兴。"

之十四

孟子曰："仁言，不如仁声之入人深也；善政，不如善教之得民也。善政，民畏之；善教，民爱之。善政，得民财；善教，得民心。"

之十五

孟子曰："人之所不学而能者，其良能也；所不虑而知者，其良知也。孩提之童，无不知爱其亲者；及其长也，无不知敬其兄也。亲亲，仁也；敬长，义也。无他，达之天下也。"

之十六

孟子曰："舜之居深山之中，与木石居，与鹿豕游，其所以异于深山之野人者几希。及其闻一善言，见一善行，若决江河，沛然莫之能御也。"

之十七

孟子曰："无为其所不为，无欲其所不欲，如此而已矣。"

之十八

孟子曰："人之有德慧术知者，恒存乎疢（chèn）疾。独孤臣孽子，其操心也危，其虑患也深，故达。"

之二十

孟子曰：“君子有三乐，而王天下不与存焉。父母俱存，兄弟无故，一乐也；仰不愧于天，俯不怍于人，二乐也；得天下英才而教育之，三乐也。君子有三乐，而王天下不与存焉。”

之二十一

孟子曰：“广土众民，君子欲之，所乐不存焉。中天下而立，定四海之民；君子乐之，所性不存焉。君子所性，虽大行不加焉，虽穷居不损焉，分定故也。君子所性，仁义礼智根于心；其生色也，睟然见于面，盎于背，施于四体，四体不言而喻。”

之二十四

孟子曰：“孔子登东山而小鲁；登泰山而小天下。故观于海者难为水，游于圣人之门者难为言。观水有术，必观其澜；日月有明，容光必照焉。流水之为物也，不盈科不行；君子之志于道也，不成章不达。”

之二十九

孟子曰：“有为者，辟若掘井；掘井九轫而不及泉，犹为弃井也。”

之三十二

公孙丑曰：“《诗》曰：‘不素餐兮。’君子之不耕而食，何也？”孟子曰：“君子居是国也，其君用之，则安富尊荣；其子弟从之，则孝弟忠信。不素餐兮，孰大于是！”

之三十三

王子垫问曰：“士何事？”孟子曰：“尚志。”曰：“何谓尚志？”曰：“仁义而已矣。杀一无罪，非仁也；非其有而取之，非义也。居恶在？仁是也。路恶在？义是也。居仁由义，大人之事备矣。”

之四十一

公孙丑曰：“道则高矣美矣，宜若登天然，似不可及也；何不使彼为可几及，而日孳孳也？”孟子曰：“大匠不为拙工改废绳墨，羿不为拙射变其彀（gòu）率。君子引而不发，跃如也；中道而立，能者从之。”

之四十二

孟子曰：“天下有道，以道殉身；天下无道，以身殉道。未闻以道殉乎人者也。”

之四十五

孟子曰：“君子之于物也，爱之而弗仁；于民也，仁之而弗亲，亲亲而仁民，仁民而爱物。”

尽心下　凡三十八章（选五章）

之十四

孟子曰：“民为贵，社稷次之，君为轻。是故，得乎丘民而为天子，得乎天子为诸侯，得乎诸侯为大夫。诸侯危社稷，则变置。牺牲既成，粢盛既洁，祭祀以时；然而旱干水溢，则变置社稷。”

之二十五

浩生不害问曰：“乐正子，何人也？”孟子曰：“善人也，信人也。”“何谓善？何谓信？”曰：“可欲之谓善，有诸己之谓信，充实之谓美，充实而有光辉之谓大，大而化之之谓圣，圣而不可知之之谓神。乐正子，二之中，四之下也。”

之三十四

孟子曰：“说大人，则藐之，勿视其巍巍然。堂高数仞，榱题数尺，我得志弗为也；食前方丈，侍妾数百人，我得志弗为也；

般乐饮酒，驱骋田猎，后车千乘，我得志弗为也。在彼者，皆我所不为也；在我者，皆古之制也；吾何畏彼哉！”

之三十五

孟子曰：“养心莫善于寡欲。其为人也寡欲，虽有不存焉者寡矣；其为人也多欲，虽有存焉者寡矣。”

之三十八

孟子曰：“由尧、舜至于汤，五百有余岁，若禹、皋陶则见而知之，若汤则闻而知之。由汤至于文王，五百有余岁，若伊尹、莱朱则见而知之，若文王则闻而知之。由文王至于孔子，五百有余岁，若太公望、散宜生则见而知之，若孔子则闻而知之。由孔子而来至于今，百有余岁，去圣人之世，若此其未远也，近圣人之居，若此其甚也！然而无有乎尔！则亦无有乎尔！”